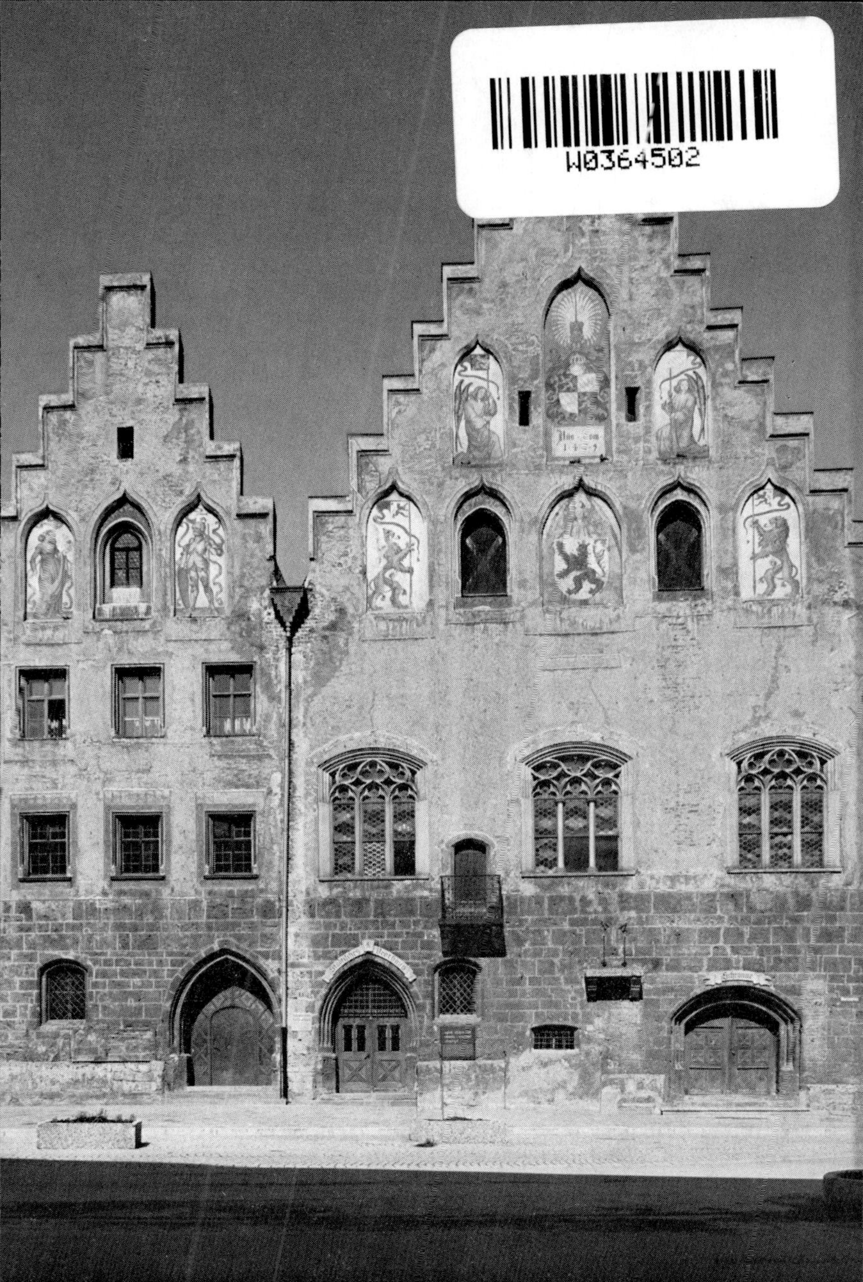

War zur Zeit der Gotik die Fassadenmalerei noch eine Rarität und meistens auf kleinere Wandflächen beschränkt, so brachte ihr die Renaissance einen großartigen Aufschwung. Die steigende Beliebtheit des Freskos nahm ihren Ausgang von Italien und wurde vor allem durch die Kaufleute nach Süddeutschland fortgesetzt. Viele Kaufmannsfamilien wurden durch den Handel vermögend. Der neu gewonnene Reichtum sollte nun auch im kostspieligen Schmuck ihrer Häuser zum Ausdruck kommen. Dementsprechend kam die Fassadenmalerei in den großen Reichs- und Handelsstädten – wie Augsburg, Nürnberg und Regensburg – zur höchsten Blüte. Davon ist leider fast nichts übrig geblieben. Was die Neubauwelle der Barockzeit und den Niedergang der Handelsstädte im Zeitalter des fürstlichen Absolutismus überdauert hatte, wurde in unserem Jahrhundert zum allergrößten Teil ein Opfer des Bombenkrieges. Eines der schönsten, umfangreichsten und auch hinsichtlich der künstlerischen Qualität besten Beispiele einer Fassadenbemalung der Renaissance finden wir heute noch in Landshut am ehemaligen Landschaftshaus in der Altstadt, gegenüber der Martinskirche. Dort hatten die niederbayerischen Landstände ihren Sitz und ließen sich den kurz zuvor aus drei alten Häusern zusammengefügten Repräsentationsbau 1599 einheitlich von Hans Georg Knauf nach Entwürfen von Hans Pachmayr bemalen. Daß diese Bilder nicht im Laufe der Zeit verkamen, sondern immer wieder erneuert wurden, hat seinen Grund wohl vor allem in den vielen Porträts bedeutender Persönlichkeiten des Hauses Wittelsbach, die über die ganze Fassade verteilt sind. – Die einzige in München noch original erhaltene Fassadenmalerei der Renaissance ist erst seit einigen Jahren wieder sichtbar: Bei der Restaurierung des sogenannten Weinstadls in der Burgstraße, dem ehemaligen Stadtschreiberhaus, fand man unter einer in der Barockzeit aufgetragenen Verputzschicht die 1552 entstandene Wanddekoration des berühmten Münchner Malers Hans Mielich und legte sie wieder frei. Die unteren Geschosse sind mit Quadern, Architekturteilen und floralen Mustern bemalt, während zwischen den Fenstern des zweiten Obergeschosses Frauengestalten als Karyatiden gleichsam das Dach tragen. 4

Zwei Frauen am Weinstadl in München (1552)

I. Umschlagseite: F. S. Zwinck, St. Martin am Haus beim Jager Jürgl in Bad Kohlgrub (1791)

Lüftlmalerei – was für ein beschwingtes, bildhaftes Wort für eine vor allem am bayerischen Alpenrand beheimatete, mehr oder weniger eng mit der Volkskunst verbundene Sonderform der Fassadenmalerei! Auf einer im 18. Jahrhundert entstandenen Tradition fußend, hat dieser vorwiegend ländliche Hausschmuck in den letzten Jahren im südlichen Oberbayern immer weitere Verbreitung gefunden. Das Wort Lüftlmalerei ist dafür geradezu der Gattungsbegriff geworden. Wer es ausspricht, denkt nur in den allerwenigsten Fällen daran, daß diese Bezeichnung streng genommen nur dem Werk eines einzigen Mannes zukommt, der von 1748 bis 1792 in Oberammergau lebte und sich selbst »Lüftlmaler« nannte: Franz Seraph Zwinck. Dabei hat er nichts anderes getan als viele seiner Kollegen: Wandbilder gemalt. Um den damals nach dem Beispiel der barocken Kirchenmalerei populär gewordenen Fassadenschmuck an Bauern- und Bürgerhäusern haltbarer zu machen, benutzte Zwinck die schon seit Jahrhunderten bekannte Freskotechnik. Dabei wird auf die zu bemalende Fassadenfläche frischer Kalkmörtel in einer dünnen Schicht möglichst gleichmäßig und glatt aufgetragen und diese Fläche dann mit mineralischen Wasserfarben bemalt, solange der Mörtel noch feucht ist. Mörtel und Farbe verbinden sich beim Trocknen in einem chemischen Prozeß zu einer wasserunlöslichen dünnen Oberflächenschicht, die sehr witterungsbeständig ist. Auf die Verwendung der Freskotechnik in der Freiluftmalerei führt die Überlieferung die »Erfindung« des Wortes Lüftlmalerei durch Franz Seraph Zwinck zurück. Da sei es, so kann man in manchen Büchern lesen, auf dem Malergerüst im frischen Gebirgswind recht zugig gewesen, eben lüftig, und außerdem hätte wegen des rasch trocknenden Mörtels der Malvorgang sehr schnell vor sich gehen müssen, fast so schnell, wie der Wind an Wand und Maler vorbeistrich. Diese Arbeitsweise habe eines Tages den Oberammergauer Maler Zwinck in einem Augenblickseinfall dazu gebracht, sich »Lüftlmaler« zu nennen. Inzwischen konnte anhand von Urkunden nachgewiesen werden, daß die Familie Zwinck damals in Oberammergau das Haus »Zum Lüftl« bewohnte; der erste Lüftlmaler hat also den Hausnamen seiner Familie zur Berufsbezeichnung gemacht.

Erneuerte gotische Fresken am Rathaus in Wasserburg

Wenn auch das Wort »Lüftlmalerei« erst von Franz Seraph Zwinck geprägt wurde, so hat er damit doch nur einen neuen Namen für eine längst bekannte Technik verwendet. Die Geschichte der Fassadenmalerei in Bayern läßt sich bis ins Mittelalter zurückverfolgen. Sie war allerdings vor dem 18. Jahrhundert fast nur in den Städten anzutreffen, wenn man von dem schon sehr früh üblichen Bemalen der Kirchenfassaden mit Bildern aus der Heils- und Heiligengeschichte absieht. Über die ersten »weltlichen« Fassadenmalereien berichten uns die Chronisten aus dem späten 14. Jahrhundert. Schon damals scheint es üblich gewesen zu sein, die Stadttürme und Rathausfronten mit Bildern zu schmücken. So wissen wir aus der Münchner »Kammerrechnung«, daß in den Jahren 1392/94 Turm und Fassaden des dortigen Rathauses bemalt wurden. In Augsburg hatte bereits zuvor – 1362 – ein Meister Hermann den Gögginger- und den Heilig-Kreuz-Torturm bemalt. Vollständige Fassadendekorationen dürften allerdings damals selten gewesen sein. Üblich war vor allem der Schmuck mit Wappenbildern und einzelnen figürlichen Darstellungen. Wie eine solche Wandgestaltung in der Regel ausgesehen hat, davon gibt heute noch das Rathaus in Wasserburg am Inn einen ungefähren Eindruck. Dieses Doppelgebäude wurde von 1457 bis 1459 von dem Wasserburger Maurermeister Jörg Tünzl errichtet. In die beiden Giebelflächen sind flache Mauernischen eingelassen. Die Bilder in diesen Nischen zeigen Engel und ein ritterliches Paar, vor allem aber eine ganze Reihe von Wappen. Natürlich ist von der ursprünglichen Bemalung wegen der ständigen Verwitterung und besonders durch den Rathausbrand von 1874 nichts mehr vorhanden. Es gibt ja überhaupt keine Fassadenmalereien des Mittelalters, die nicht immer wieder erneuert oder gar übermalt worden sind. Für das Wasserburger Rathaus blieb aus dem Jahre 1634 eine Entwurfzeichnung von Wolfgang Pittenharter für eine barocke Rathausdekoration erhalten, die aber nicht ausgeführt wurde. Gerade dieser Umstand und die auf alten Darstellungen erkennbaren Bemalungsreste lassen den Schluß zu, daß der heutige Bildschmuck am Rathaus in Wasserburg am Inn wohl mit den ursprünglichen Wandfresken im wesentlichen übereinstimmen dürfte. 2

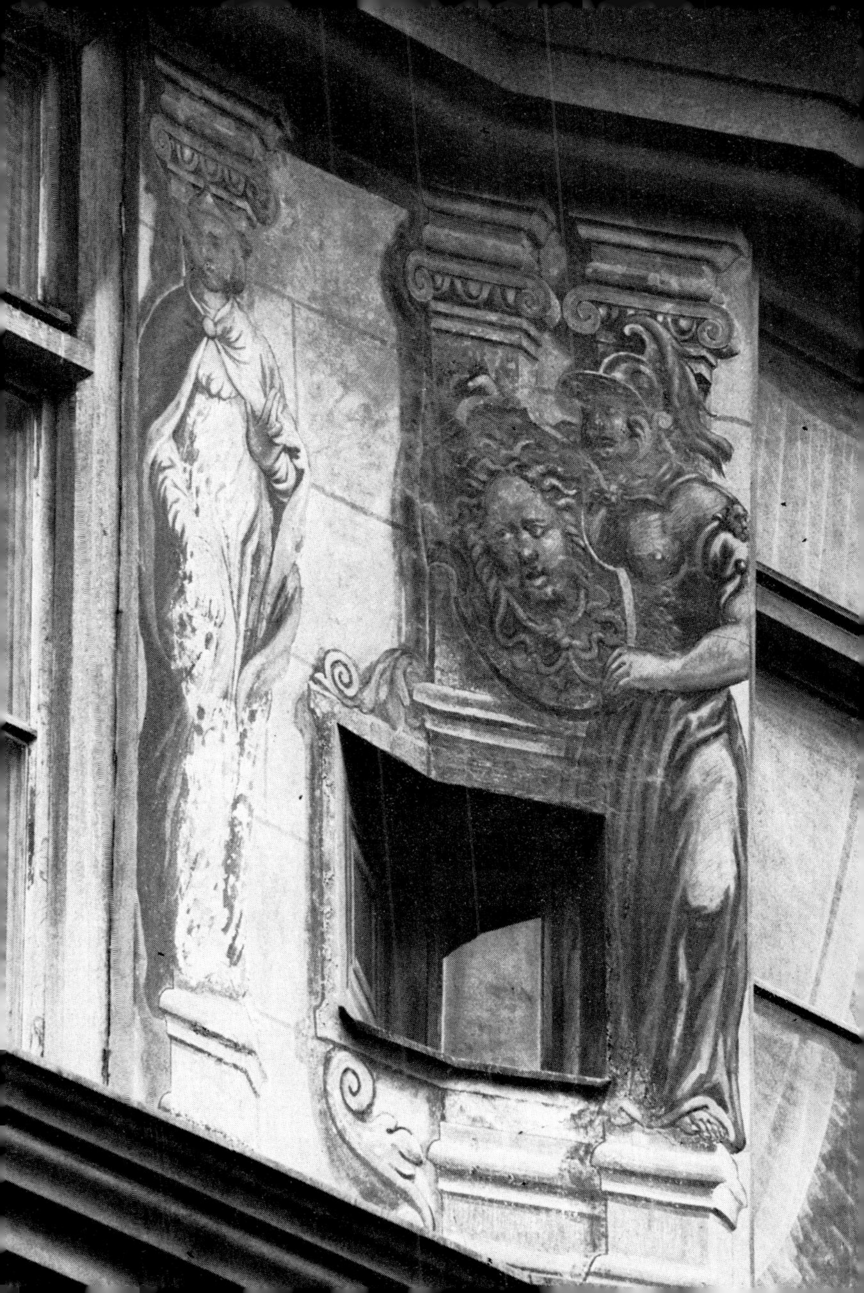

»Affenfresken« am Hirschenhaus in Berchtesgaden (um 1610)

Die Fassadenmalerei der Renaissance war in erster Linie eine Repräsentationskunst und dementsprechend akademisch steif, mit Architekturmalerei, Darstellungen aus der Geschichte und mythologischen Szenen. Gelehrte Humanisten stellten das Themenprogramm zusammen, und die besten Maler ihrer Zeit begaben sich selbst aufs Gerüst oder schufen wenigstens die Dekorationsentwürfe. Sind die erhaltenen Renaissancemalereien an sich spärlich, so blieb von den gewiß auch in größerer Zahl geschaffenen Ausnahmen von der offiziellen Repräsentationskunst in ganz Bayern nur eine einzige Fassadenbemalung von Rang erhalten, die noch dazu erst um das Jahr 1610 entstand und bereits in die Barockzeit hinüberweist. Es sind die von Leben, Witz und Ironie nur so sprühenden »Affenbilder« am ehemaligen Gasthaus Zum Hirschen in Berchtesgaden. Früher war es vermutlich an allen drei zur Straße hin freien Hauswänden in ähnlicher Weise bemalt, wie jetzt noch die Fassade an der Metzgergasse. Der unbekannte Maler, ein Könner von Format, hat dort sechs Fenster mit originellen Darstellungen umgeben. Jedes dieser Fenster rahmt ein anderes Dekorationsmuster mit Architekturmalerei, Ornamenten, Blumen, Blättern und Früchten von geradezu verschwenderischer Fülle. Über jedem Fenster spielen sich interessante Szenen ab, in denen als Menschen verkleidete Affen agieren. Arbeit und Spiel, Tanz und Musik, Jagd und Trunkenheit sind die Themen dieser Bilder. Da wird Schach gespielt und Wolle aufgewickelt, getanzt und musiziert, gejagt und Wäsche gewaschen. Sogar der Besuch beim Geldwechsler fehlt nicht, und Affen fahren auf einem Schlitten den vom Wein trunkenen Silen nach Hause. Ihren Höhepunkt erreicht die ebenso humorvolle wie ironische Parodie des Lebens der Renaissancezeit zweifellos auf dem einzigen Bild, das eine Inschrift genauer erklärt. Dargestellt ist, wie zwei wichtigtuerische Jäger vor lauter Geschäftigkeit gar nicht merken, daß ihre Jagdhunde bereits einen Hasen aufgespürt haben. Darunter steht folgender Spruch: »Dückh dich häsl, lass obergan / Dann Gwalld will Recht han.« Rund um diese Hauptszenen gibt es noch eine Fülle von Details zu betrachten: einzelne Figuren, Musikinstrumente, Blumensträuße, Tiere. 6

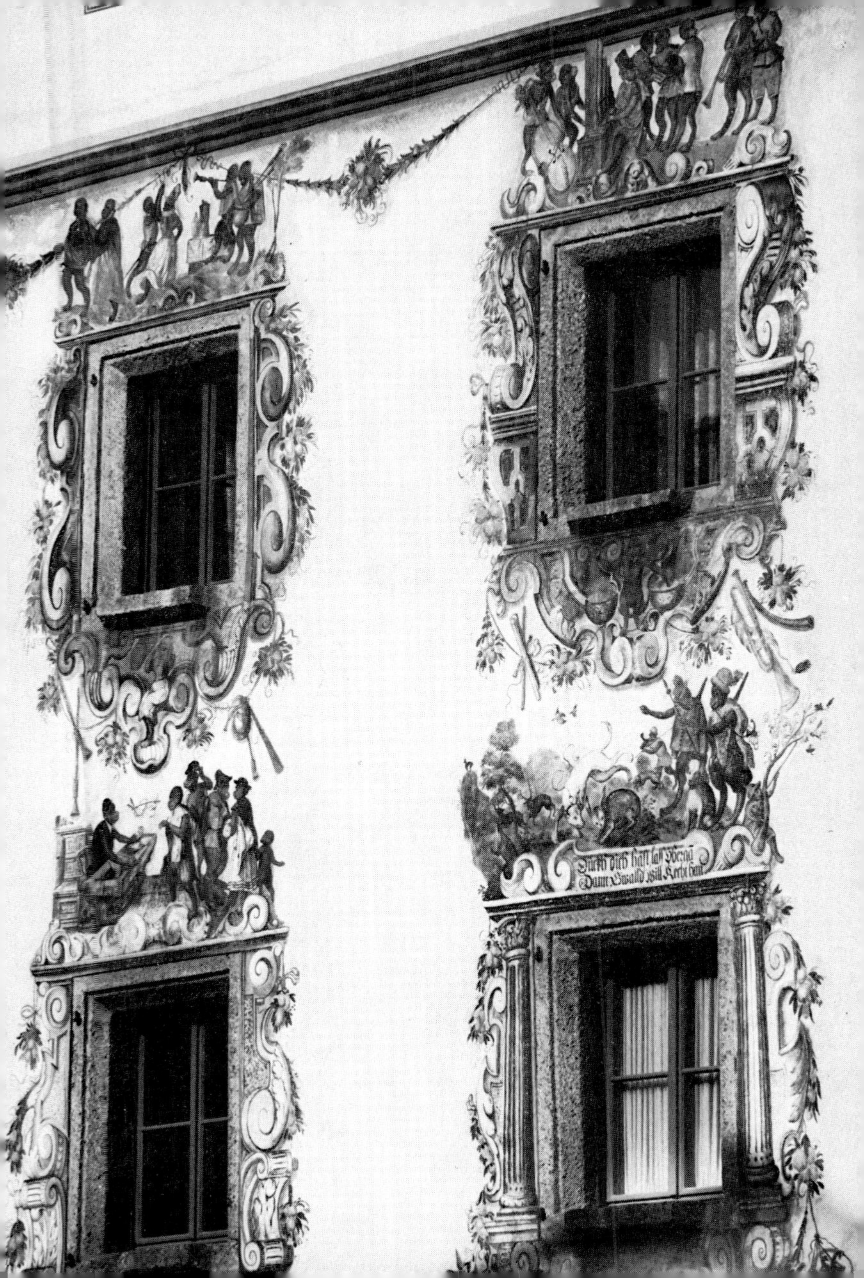

Etwas an die Seite gerückt, aber nicht weniger dekorativ, ist an die Fassade des ehemaligen Gasthauses Zum Hirschen in Berchtesgaden auch eine Sonnenuhr gemalt. Sie kann sich dort gegenüber den so lebendigen Szenen mit den als Menschen verkleideten Affen nicht recht durchsetzen. In vielen anderen Fällen aber bildet eine Sonnenuhr den Mittelpunkt von Fassadenmalereien. Oft ist sie, samt ornamentaler oder figürlicher Umrahmung, sogar der einzige Wandschmuck. An ihrem Beispiel zeigt sich sehr sinnfällig, wie aus einem »Gebrauchsgegenstand« im Laufe der Zeit ein Schmuckelement geworden ist. Bevor im Mittelalter die ersten Turmuhren konstruiert und installiert worden sind, war man beim Zeitmessen auf die Sonnenuhr angewiesen, soweit man sich nicht mit Sanduhren oder ähnlichen Instrumenten behalf. Solche Sonnenuhren waren an vielen Kirchen und öffentlichen Gebäuden, aber auch an Bürgerhäusern zu finden, und zwar auch dann noch – sogar bis in die Gegenwart herein –, als man sie eigentlich gar nicht mehr nötig hatte. Meistens wurde die Sonnenuhr liebevoll mit Bildern und Ornamenten ausstaffiert oder in solche Fassadenmalereien »hineinkomponiert«. Die Fassadenmaler fanden hier ein besonders dankbares Betätigungsfeld, denn da konnten sie ihrer Phantasie freien Lauf lassen. Solche Sonnenuhren waren gleichzeitig Orientierungshilfe und Wandschmuck. Eine der originellsten und kunstvollsten dieser Sonnenuhren auf bayerischem Boden finden wir an der 1625 erbauten Stadtpfarrkirche St. Jakob in Dachau. Dort malte im Jahre 1699 Johann Georg Hörmann mit barockem Schwung unter die im geschweiften Rechteck angebrachten Stundenziffern der Sonnenuhr in geradezu tüftlerischer Darstellung auch noch die Symbole der zwölf Sternzeichen beziehungsweise Monatszeichen – von Januar bis Dezember – in einer Achterschleife so plaziert, daß der Schatten des »Sonnenzeigers« jeweils nicht nur auf die Ziffer der Tagesstunde, sondern jeden Tag um 12 Uhr mittags auch noch auf das »zuständige« Monatszeichen fällt. Der Mechanismus ist so angeordnet, daß der über die Sonnenuhr gemalte Gott Chronos, also der symbolische Herr über die Zeit, das dazu notwendige Eisenstabsystem in der Hand zu haben und so zu dirigieren scheint.

Sonnenuhr an der Pfarrkirche in Dachau (1699) 8

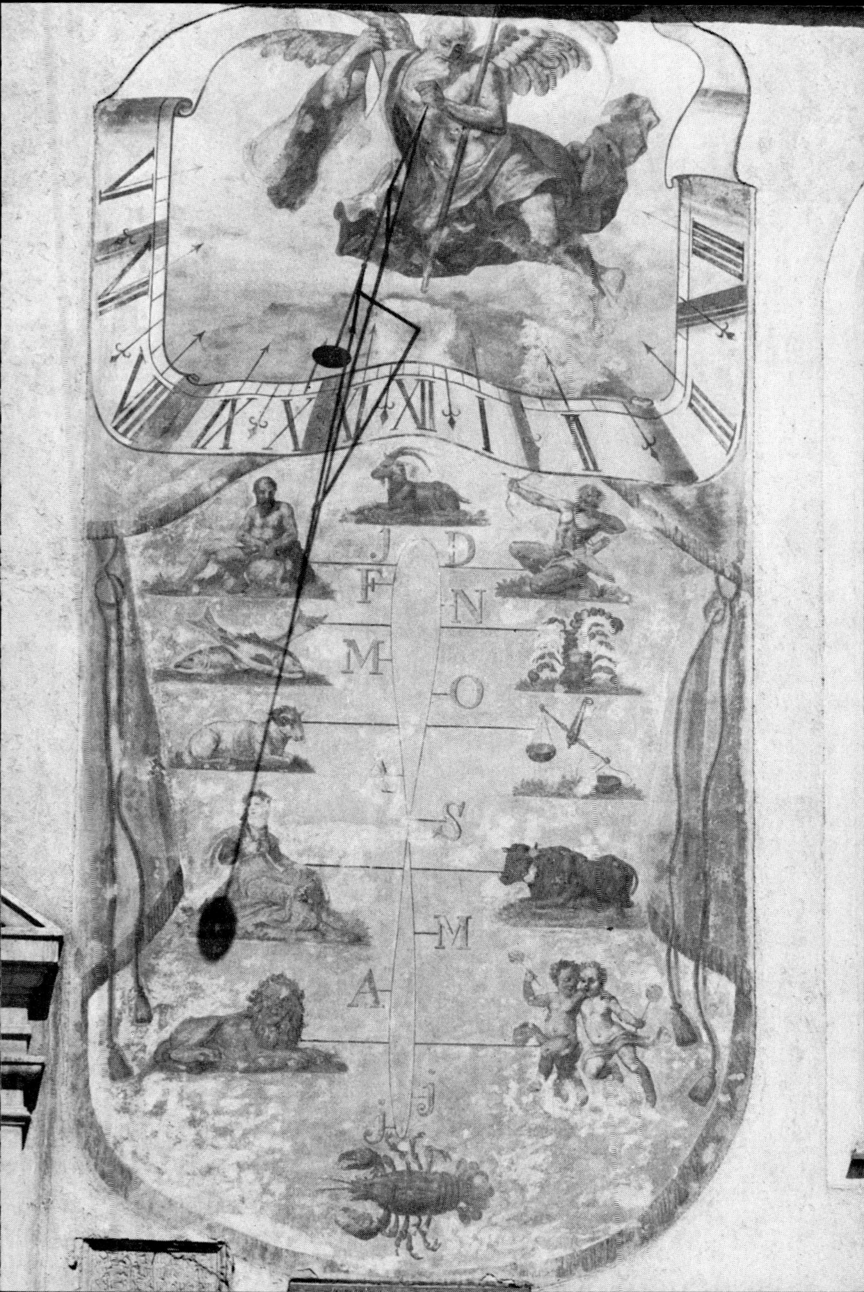

J D
F N
M O
A S
M
A
J J

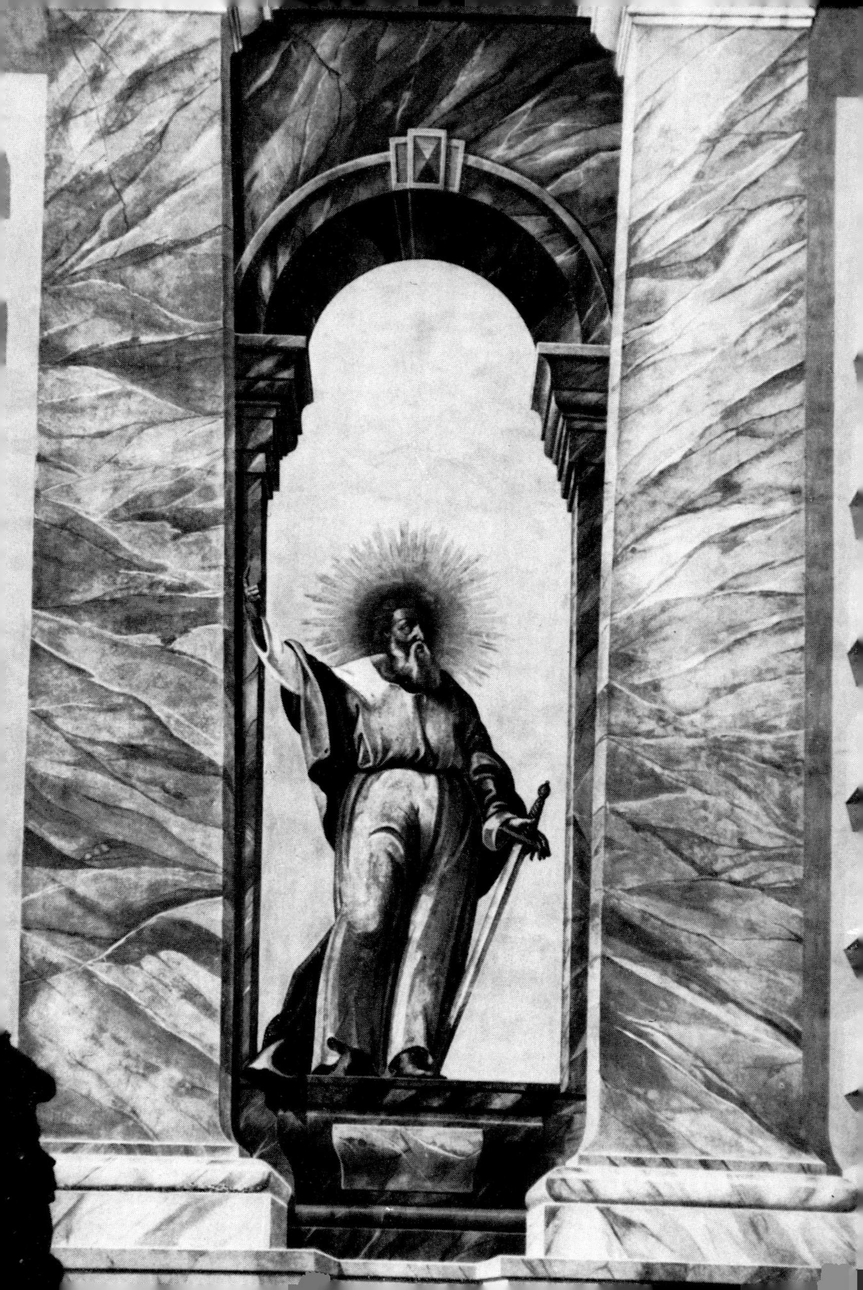

Schüler von M. Günther, St. Paulus am Kirchturm in Mittenwald (um 1746)

Seiten 12 u. 13: Franz Karner, Höllensturz und hmerzensmutter m Schlipferhaus in Mittenwald (1762)

Von den Kirchenwänden nahm einst die Fassadenmalerei ihren Ausgang. Wann die ersten dieser Bilder entstanden sind, läßt sich heute nicht mehr ermitteln, weil im bayerischen Raum davon fast nichts erhalten blieb. Jedoch wurden mit Sicherheit schon sehr früh, spätestens von der romanischen Zeit an, fromme Bilder nicht nur innen, sondern auch außen an die Kirchenwände gemalt, als eine Art Bilderbibel für die damals fast alle des Lesens unkundigen Kirchenbesucher. Vom späten Mittelalter an spielte aber die Fassadenmalerei an Kirchen gegenüber der an weltlichen Bauten nur noch eine untergeordnete Rolle. Um so mehr sei es hervorgehoben, daß dann am Anfang der später von Zwinck »Lüftlmalerei« genannten ländlichen Dekorationskunst des 18. Jahrhunderts in Oberbayern als anspornendes Beispiel wieder eine Kirche stand, nämlich die Pfarrkirche St. Peter und Paul in Mittenwald. Dort errichtete in den Jahren 1738 bis 1740 der bekannte Baumeister und Stukkator Josef Schmuzer aus Wessobrunn unter Einbeziehung des spätgotischen Chorbaues eine barocke Kirche, deren Deckenfresken Matthäus Günther, der Asam-Schüler und Augsburger Akademiedirektor, geschaffen hat. Matthäus Günther entwarf auch die wirkungsvolle malerische Dekoration des Mittenwalder Kirchturms, die nach der Überlieferung seine Schüler und Gesellen um das Jahr 1746 ausgeführt haben. Diese Fassadenmalerei gehört zu den besten ihrer Art. Inmitten einer großzügigen Scheinarchitektur stehen übereinander – ganz allein und dadurch um so wirkungsvoller – die Gestalten der beiden Apostelfürsten Petrus und Paulus. Mittenwald besitzt mit dem Neunerhaus auch den Vorläufer aller späteren Fassadenbemalungen im Werdenfelser Land. An der Hauptfassade dieses Hauses befinden sich nicht nur einzelne Fresken, sondern die ganze Fläche ist mit einer reichen Architekturmalerei überzogen, in die eine Darstellung der Verkündigung Mariens und die Brustbilder der zwölf Apostel eingefügt sind. Der Stil dieser Fresken erinnert stark an jene des Kirchturms, so daß allgemein angenommen wird, die Schüler und Gehilfen von Matthäus Günther haben um die Mitte des 18. Jahrhunderts während ihres Aufenthalts in Mittenwald auch die Wandbilder am Neunerhaus gemalt.

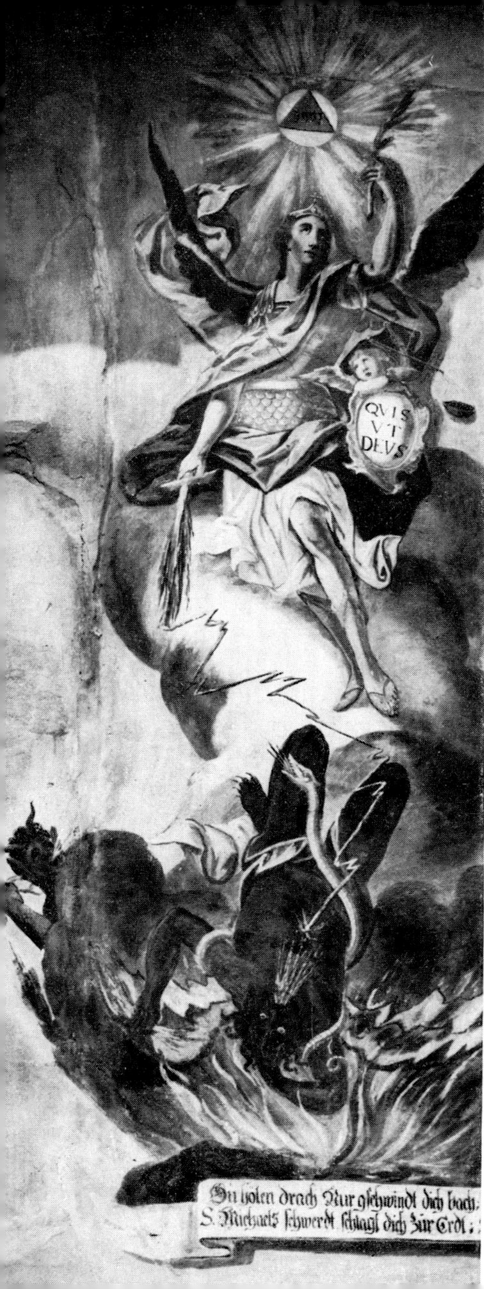

Außerhalb der Städte begann im südlichen Bayern erst nach der Mitte des 18. Jahrhunderts die große Zeit der Fassadenmalerei. Die Fresken des Günther-Kreises in Mittenwald gehören zu den frühesten, die in der Barockzeit am Alpenrand entstanden sind. Sie haben auf die Maler des Werdenfelser Landes sicherlich anregend, aber nicht allgemein stilbildend gewirkt. Das zeigt sich deutlich am Beispiel des ältesten Lüftlmalers in dieser Gegend, Franz Karner, der schon fast ein Jahrzehnt vor Franz Zwinck seine ersten Hausfresken geschaffen hat. Franz Karner wurde 1737 in Mittenwald geboren. Sein Vater war ein selbständiger Kienruß- und Pottaschenbrenner, und der Sohn erlernte den gleichen Beruf, weshalb man ihm den Beinamen »der Rußer« gab. Karner übte diesen Beruf auch später noch aus, als er sich bereits mit seinen Fresken einen Namen gemacht hatte. Das Malen soll er nach der Überlieferung bei einem einheimischen Meister in Mittenwald gelernt haben. Mehr als eine handwerkliche Ausbildung wird es wohl nicht gewesen sein, wenn man dafür Karners erstes datiertes und signiertes Werk, die Wandbilder des Schlipferhauses in Mittenwald, zum Maßstab nimmt. Er muß freilich ein künstlerisches Naturtalent gewesen sein, denn trotz aller technischen Mängel besaß Karner von Anfang an Schwung und Darstellungskraft, die er allmählich in die verfeinerte Eleganz des Rokokos umzusetzen verstand. Ein erstes Zeugnis für diese Entwicklung stellt bereits das Schlipferhaus dar. Die dort vermerkten Jahreszahlen 1762 und 1767 weisen darauf hin, daß es nicht in einem Zug bemalt worden ist, was sich daraus erklärt, daß der linke Fassadenteil erst 1767 nach einem Hausumbau die jetzige Form erhielt. Die Fresken am jüngeren Teil der Hausfront (St. Franziskus und St. Johannes Nepomuk) zeigen eine stilistische Weiterentwicklung. Die älteren Fresken im Mittelteil sind durch zwei Fenster voneinander getrennt. Dargestellt ist links der Sieg des Erzengels Michael über die bösen Geister und rechts die Schmerzensmutter unter dem Kreuz, zu der zwei Menschen im Fegefeuer bittend die Hände erheben. Darüber thront in Wolken die Heilige Dreifaltigkeit, umgeben von Josef und Maria und Mutter Anna.

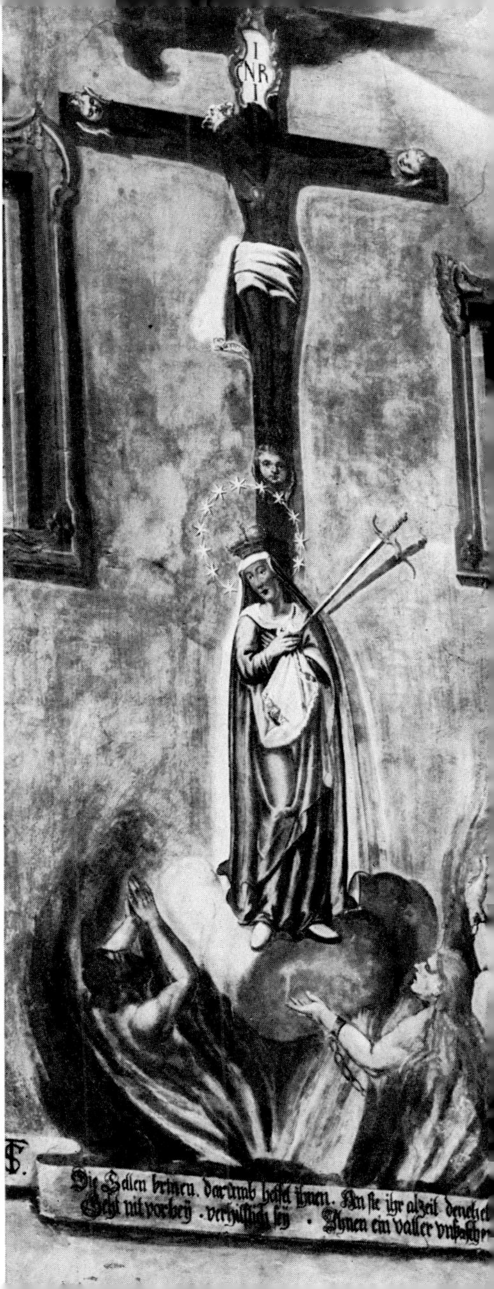

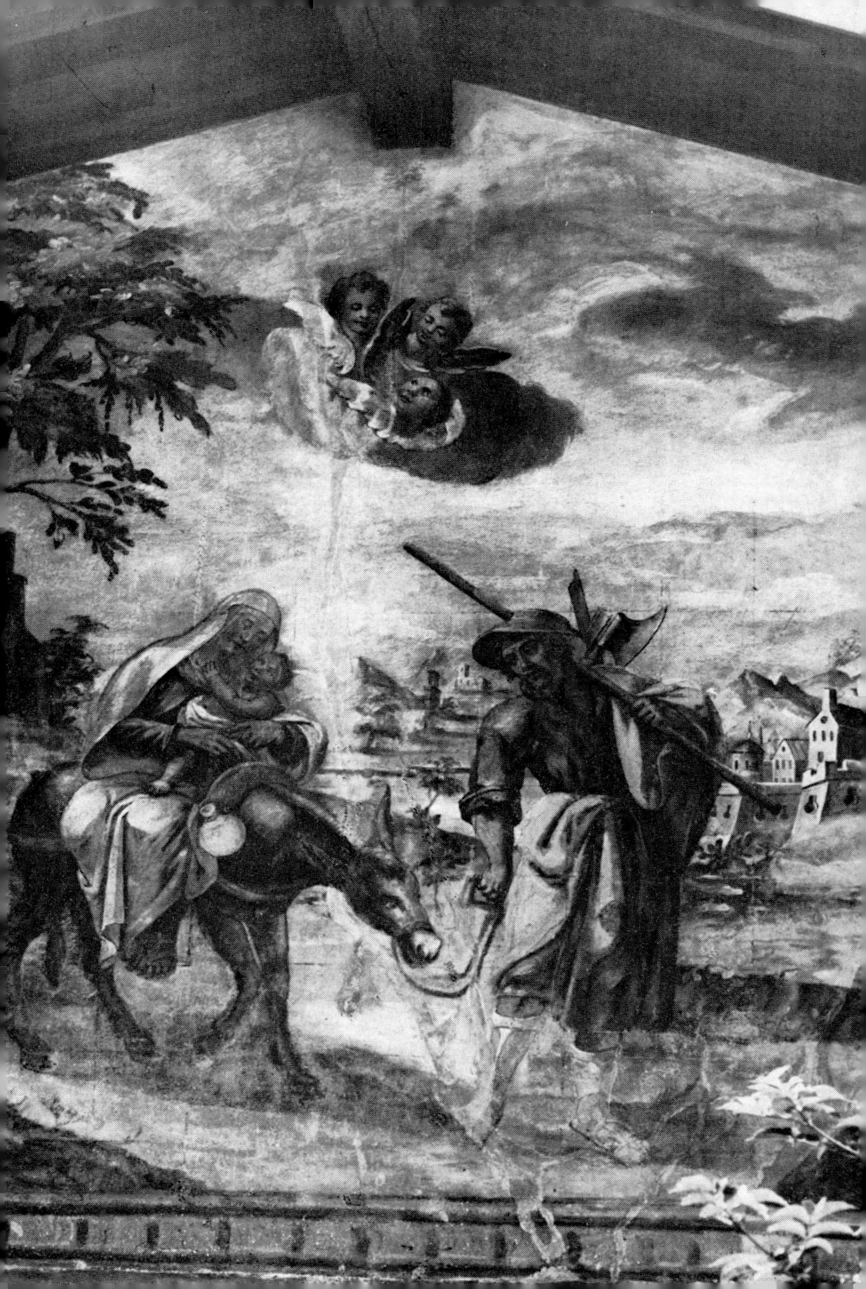

Franz Karner, Flucht nach Ägypten am Hoglhaus in Mittenwald (1779)

Nur ein Jahr nach dem älteren Freskenteil des Schlipferhauses schuf Franz Karner sein zwar nicht bestes, aber bekanntestes und wohl am meisten fotografiertes Werk: die Fresken am Gasthof Alte Post in Wallgau bei Mittenwald. Es sind zwei Einzelfresken ohne thematischen oder kompositorischen Zusammenhang. Den Mittelpunkt bildet die von Engelsköpfen umgebene Gruppe der Heiligen Dreifaltigkeit. Rechts daneben ist der heilige Florian dargestellt, wie er aus einem Holzzuber Wasser auf ein brennendes Haus schüttet. Der Heilige ist übrigens auch am rechten Fassadenrand des Schlipferhauses zu sehen. Ein Vergleich der beiden Figuren zeigt, daß Karner genügend Formkraft besaß, um sich in Einzelheiten nicht wiederholen zu müssen, daß sie aber deutlich dieselbe »Handschrift« und den gleichen stilistischen Entwicklungsgrad aufweisen. Auch die Dreifaltigkeitsgruppe enthält alle Merkmale von Karners Frühwerk: harte Konturen und kräftige Farben, steife Figuren und etwas leblos-starr wirkende Gesichtszüge. Erinnert man sich an die ganz andersartige Dreifaltigkeitsdarstellung am Schlipferhaus, so drängt sich einem die Vermutung auf, daß dort die Wandfläche unter dem Giebel nicht schon 1762, sondern erst 1767 bemalt worden ist. Ging in Karners Anfangsjahren die stilistische Weiterentwicklung auch nur langsam voran, so ist doch ein allmählicher Fortschritt unverkennbar, wenn er auch nie die Meisterschaft eines Franz Zwinck erreicht hat. Dieser Fortschritt zeigt sich ganz deutlich am sogenannten Hoglhaus in Mittenwald, wo Karner 1779 an die Wand unter dem Hausgiebel die Flucht der Heiligen Familie nach Ägypten gemalt hat. Dort stehen die einzelnen Gestalten nicht mehr steif nebeneinander, sondern es wird eine lebendige, geschickt in die Landschaft eingefügte Szene geschildert. Die früher ziemlich gestreckten Figuren sind hier schon der Realität angenähert, die Gesichtszüge sind weicher und charakteristischer geworden, bis hinunter zum so gar nicht schematisiert wirkenden Eselskopf. Wieder bestätigt sich, daß Karner erzählen konnte; nur tat er es hier auf eine viel flüssigere und dennoch nicht routiniert-oberflächliche, sondern etwas naiv gebliebene Art, die viele seiner Werke auszeichnet und ihn von anderen Lüftlmalern abgrenzt.

Von dem nach der Überlieferung ziemlich umfangreichen Freskenwerk Franz Karners ist leider nur ein Bruchteil auf unsere Zeit gekommen. Die meisten seiner Lüftlmalereien wurden im vorigen und in unserem Jahrhundert – teils aus Geldmangel, teils aus Unverstand und Modernitätssucht – der Zerstörung preisgegeben. Immerhin blieben aber Werke aus allen seinen Schaffensperioden erhalten, so daß man daraus ein wichtiges Kapitel der Lüftlmalerei wenigstens in den Grundzügen erschließen kann. Karners Spätwerk ist stark vom ausklingenden Rokoko geprägt, wie sich besonders deutlich am Beispiel der Fassadenmalerei von 1789 am Haus Kassian Egger in Hinterbichl, einem Ortsteil der Jachenau, erweist. Hatte er in seinen Anfangsjahren großflächige Bilder bevorzugt, so beschränkte sich Karner in der Jachenau auf wenige kleine, aber wirkungsvoll über die Wandfläche verteilte Fresken. Über die Haustür malte er eine Maria Immaculata in eleganter Schlankheit. Das im 18. Jahrhundert so beliebte Schäferidyll bildet das Grundthema der Brustbilder zu beiden Seiten des Mittelfreskos. Links ist Jesus als Guter Hirte dargestellt, ein Schaf auf den Schultern tragend. Diesem Fresko entspricht auf der rechten Seite ein Bild Mariens als Schäferin, vor der schutzsuchend ein Lamm kauert. Während in der höfischen und kirchlichen Kunst sich bereits die vermeintlich »edle Simplicität« des Klassizismus gegen barocken Überschwang durchzusetzen begann, bekannte sich Karner in der Jachenau noch eindeutig zum weichen, etwas ekstatischen Stil des späten Rokokos. Im Gegensatz zu Franz Zwinck, der vor seinem frühen Tod noch klassizistisches Stilgut mitverwendet hat, blieb Karner dem Rokoko treu, wie sein letztes datiertes und signiertes Werk, die 1794 entstandenen Fresken an der Mühle in der Vorderriß, beweist. Die etwas willkürlich und unharmonisch auf die Wandflächen verteilten Malereien stellen die beiden Flößerpatrone St. Nikolaus und St. Johannes Nepomuk, weiter Maria, Johannes den Täufer, St. Elisabeth mit einem Bettler und den heiligen Georg im Kampf mit dem Drachen dar. Vom Alterswerk Karners ist uns nichts erhalten geblieben, falls es ein solches überhaupt gegeben hat. Er starb im 80. Lebensjahr am 14. 8. 1817 und wurde im Mittenwalder Friedhof begraben.

Franz Karner, Maria als Schäferin am Eggerhaus in Hinterbichl (1789)

16

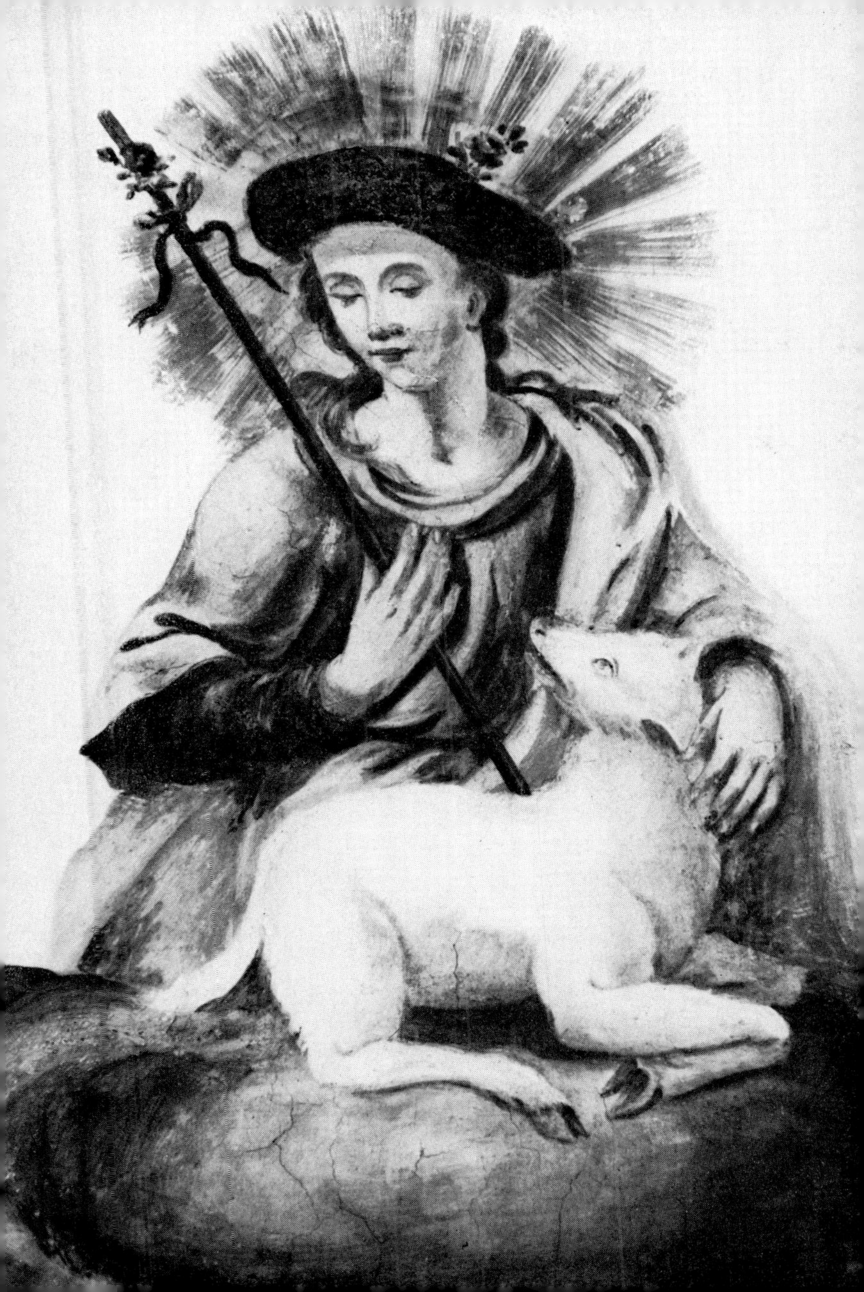

F. S. Zwinck, Vertreibung der Hagar am Geroldhaus in Oberammerg(au) (1778)

Was sich Franz Karner an Kunstfertigkeit erst mühsam im Laufe der Jahre erarbeiten mußte, ist dem um elf Jahre jüngeren Franz Seraph Zwinck aus Oberammergau schon in seiner Jugend durch eine gediegene handwerkliche und künstlerische Ausbildung zuteil geworden. Er wuchs gleichsam mit Pinsel und Farben auf, denn sein Vater, Johann Josef Zwinck, war ein über das rein Handwerkliche hinausragender Maler, wie dessen erhalten gebliebene Ölgemälde, u. a. in der Pfarrkirche von Oberammergau und in der Sakristei der Klosterkirche Ettal, beweisen. Nach der Überlieferung hat der 1748 geborene Franz Zwinck zuerst bei seinem Vater gelernt, dann bei der Freskierung des Ettaler Münsters als Farbenreiber mitgeholfen und sich schließlich an der damals unter der Leitung von Matthäus Günther stehenden Augsburger Malerakademie den letzten Schliff geholt. Dokumentarisch nachweisbar ist das alles nicht, aber nach Stil und Qualität der Werke Zwincks durchaus glaubhaft. Dafür spricht auch, daß er schon sehr jung in Oberammergau beachtliche Fresken gemalt hat; die frühesten sind aus den Jahren 1768 und 1769 verbürgt. Die erste große, von ihm signierte Fassadendekoration schuf er mit 27 Jahren 1775 in Mittenwald, nämlich die noch heute gut erhaltene Bemalung des Hornsteinerhauses mit dem großen Bild der Tötung des Holofernes unterm Giebel. Auch die um 1770 erfolgte Freskierung des Kölblhauses in Oberammergau wird mit Recht Zwinck zugeschrieben. Mit den Wandbildern an der Straßenfront des ehemaligen Geroldhauses in Oberammergau (jetzt Schuhhaus Wolf) erreichte er dann 1778 bereits einen ersten Höhepunkt seines Schaffens. Die einzelnen Bilder sind harmonisch über die Fassade verteilt: in der Mitte unter dem First die Krönung Mariens, rechts davon die Vertreibung der Hagar und ihres Sohnes Ismael, links die Überreichung des Rosenkranzes an den heiligen Dominikus durch die Muttergottes und über der Haustüre die Flucht der Heiligen Familie nach Ägypten. Besonders an der Darstellung der biblischen Hagar erweist sich Zwincks Vorliebe für lebendige Szenen. An einer Ruine mit Säulen lehnt Abraham und weist Hagar mit starr gestrecktem Zeigefinger aus seinem Besitz. Sie und ihr Sohn geben ihren Furcht- und Schmerzgefühlen Ausdruck. 18

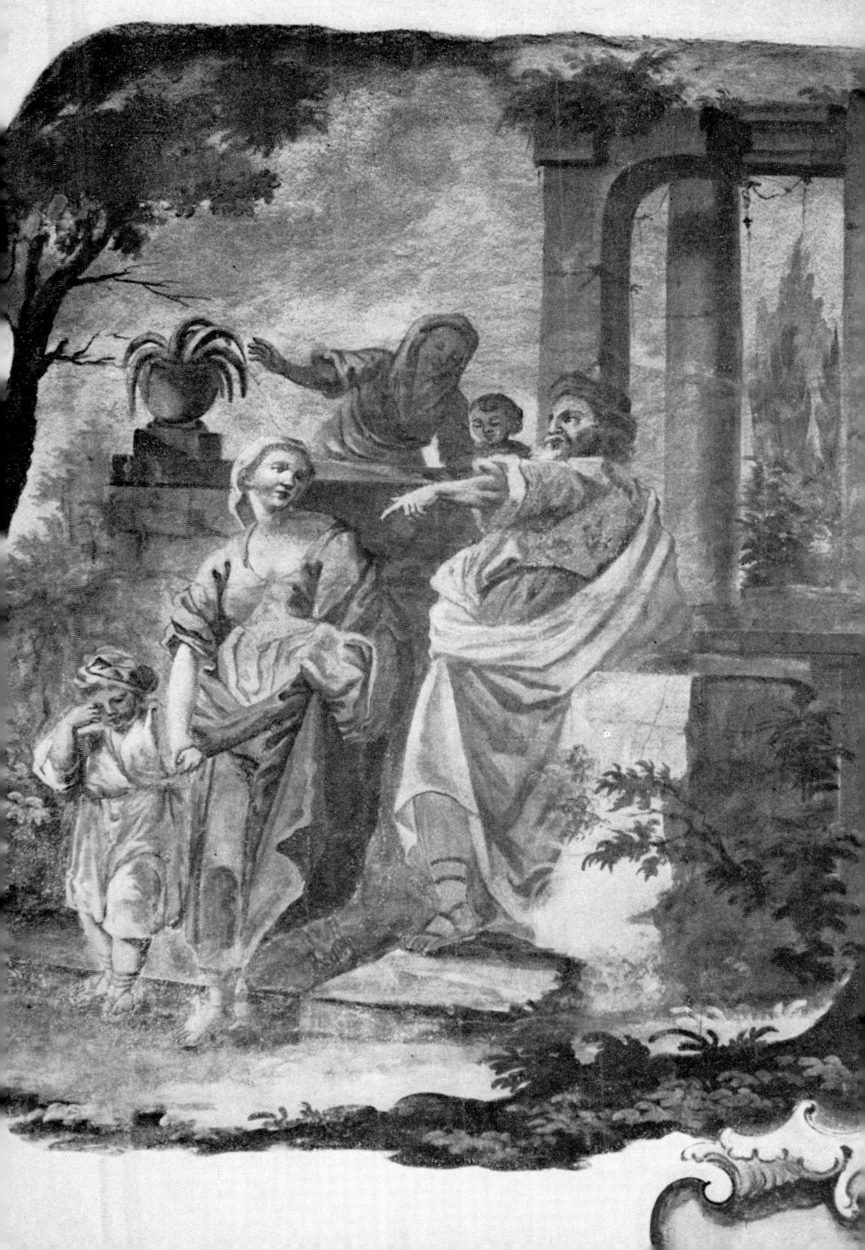

F. S. Zwinck, Krönung Mariens am Schweigerhaus in Unterammerg (um 1780/85)

Daß auch ein Franz Zwinck nach den Anfangsjahren noch einer künstlerischen Steigerung fähig war, und in welchem Maße er stilistisch über den älteren Franz Karner hinauswuchs, zeigt besonders gut ein Vergleich mehrerer Bilder beider Freskanten zum gleichen Thema, beispielsweise der Darstellung der Heiligen Dreifaltigkeit. Von Karner sind mindestens drei solche Bilder erhalten, nämlich die Heilige Dreifaltigkeit allein am Gasthof Alte Post in Wallgau und am Haus Alpenrose in Krün sowie die Aufnahme Mariens in den Himmel durch die Heilige Dreifaltigkeit unterm Giebel des Schlipferhauses in Mittenwald. Die beiden Bilder in Wallgau und Krün sind typische Werke Karners aus seinen Anfangsjahren: ikonenhaft starr, harte Konturen, geradezu ängstliches Festhalten an der überlieferten Darstellungsweise. Beim vermutlich erst einige Jahre später entstandenen Bild im Giebeldreieck des Schlipferhauses ist zwar eine breiter angelegte Szene und eine freiere Interpretation festzustellen, doch die künstlerische Bewältigung des gesamten Themas wie der einzelnen Figuren ist nur von durchschnittlicher Qualität. Auch Zwinck hat das Dreifaltigkeitsthema – mit und ohne die Krönung Mariens – wiederholt behandelt. Das Giebelfresko des nicht mehr bestehenden Gasthauses Zur Post in Garmisch mit der Dreifaltigkeitsdarstellung ist nur noch als Kopie am Heimatmuseum erhalten. Es soll deshalb hier ebenso unberücksichtigt bleiben wie das letzte signierte Werk Zwincks, die Heilige Dreifaltigkeit am Haus beim Jager Jürgl in Bad Kohlgrub (1791), das einerseits etwas ungeschickt restauriert ist und andererseits schon dem viel strengeren und steiferen Formenkanon des Klassizismus zugehört. Die schon in jungen Jahren bestehende und dann noch sichtlich gesteigerte Meisterschaft Zwincks zeigen in diesem Zusammenhang besonders augenscheinlich die beiden Darstellungen der Krönung Mariens zuerst am Geroldhaus in Oberammergau (1778) und dann am Schulmeisterhaus (Schweigerhaus) in Unterammergau aus der Zeit um 1780/85. Körper und Gesichter, Haltung und Bewegung sind von solcher Exaktheit und Eleganz, daß man fast nicht glauben kann, dies alles sei in einem Zug und in wenigen Stunden gleichsam »aus dem Handgelenk« von F. S. Zwinck gemalt worden.

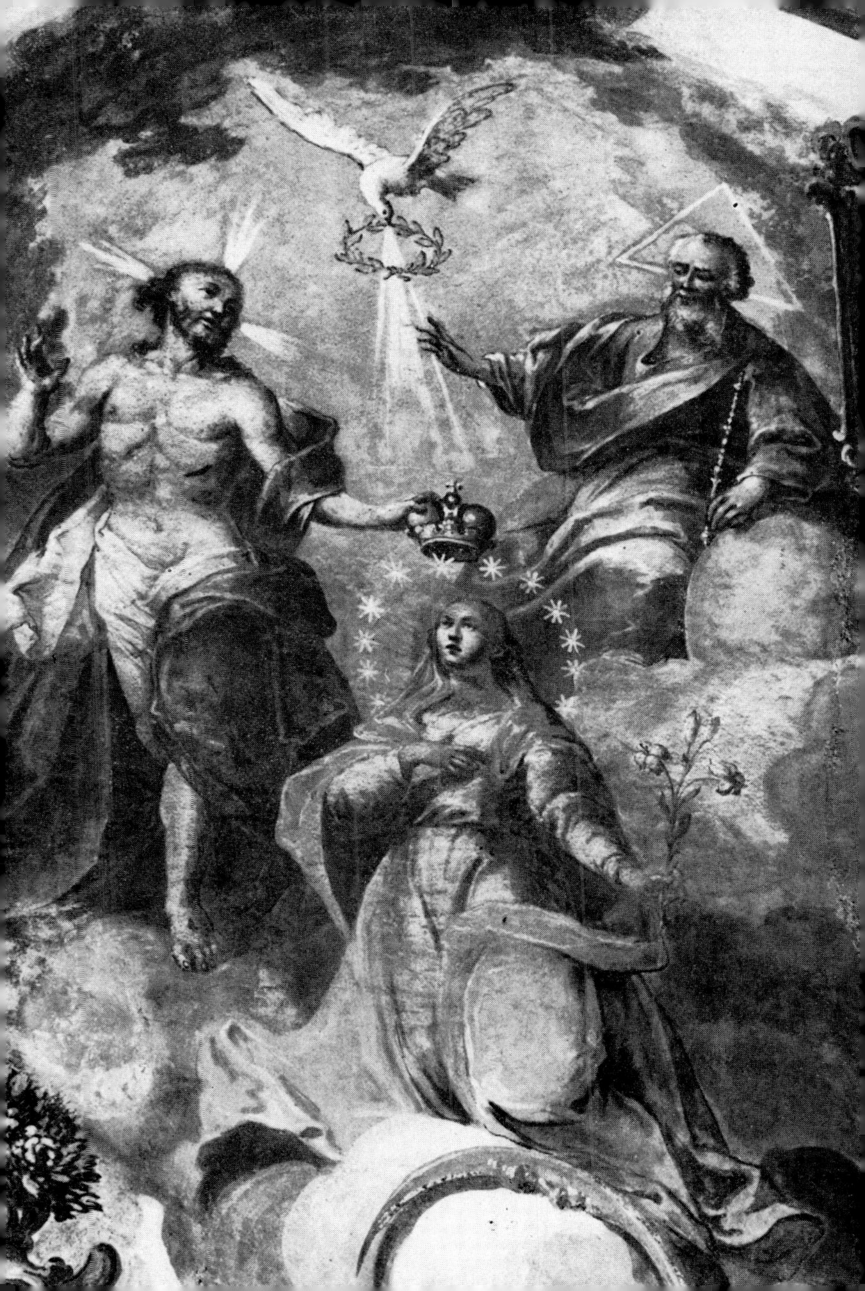

Das religiöse Bild beherrschte im 18. Jahrhundert die bayerische Fassadenmalerei, sowohl die städtische Repräsentationskunst als auch ihre volkstümlichere ländliche »Schwester«, die Lüftlmalerei. Das heißt nun freilich nicht, daß zwischen so viel Frömmigkeit antike Mythologien und bayerische Historie, Humor und sinnenfrohes Alltagsleben keinen Platz gefunden hätten. Ganz im Gegenteil! Zwischen die heiligen Gestalten mischen sich immer wieder und gerade auch in den Werken von Franz Zwinck recht weltliche Darstellungen. Besonders beliebt waren damals als Bildthemen die fünf Sinne: Riechen und Schmecken, Hören, Sehen und Fühlen. Franz Zwinck hat sie auf sehr ähnliche Weise gleich zweimal gemalt. Im einen Fall bilden sie nur einen Teil der über alle Wandflächen verteilten Fassadenmalereien am Forsthaus in Oberammergau. Dort sind, neben Allegorien auf das Jagdleben an der Giebel-Straßenseite und sogenannten »blinden Fenstern« mit Szenen aus dem Alltagsleben an der anderen Giebelseite, an den beiden Längsseiten die leiblichen Werke der Barmherzigkeit und eben jene fünf Sinne symbolisiert. Franz Zwinck hat diese Fresken – vorwiegend in Grisaillemalerei – um das Jahr 1780 geschaffen, wobei er erst gar nicht versucht hat, den glatten, blockhaften Bau durch entsprechende Architekturmalerei »zierlicher« erscheinen zu lassen. Er verwendete vielmehr eine strenge Gliederung, durch welche die einzelnen Stockwerke mit Hilfe von Architekturmalerei in senkrechte Streifen zusammengefaßt werden. Ein ähnliches Gestaltungsprinzip hat Zwinck auch an dem um 1775 bemalten Nußlerhaus in Unterammergau benutzt. Auch am Gasthof Zur Alpenrose in Mittenwald findet sich diese senkrechte Gliederung, wird jedoch durch das stark in die Breite gezogene Giebelfresko mit der Krönung Mariens optisch zum Teil wieder aufgehoben. Den eigentlichen Blickfang dieser Hausfassade in Mittenwald (um 1780) bilden – trotz des großen Giebelfreskos – die reizenden Bilder mit den von Kindern verkörperten fünf Sinnen. Die Fresken am Gasthof Zur Alpenrose wurden früher wiederholt Franz Karner zugeschrieben; die Wandbilder sind aber stilistisch sehr eng mit denen am Forsthaus in Oberammergau verwandt und haben keine Ähnlichkeit mit anderen Arbeiten Karners.

F. S. Zwinck, »Geschmacksinn« am Gasthof Alpenrose in Mittenwald (um 1780)

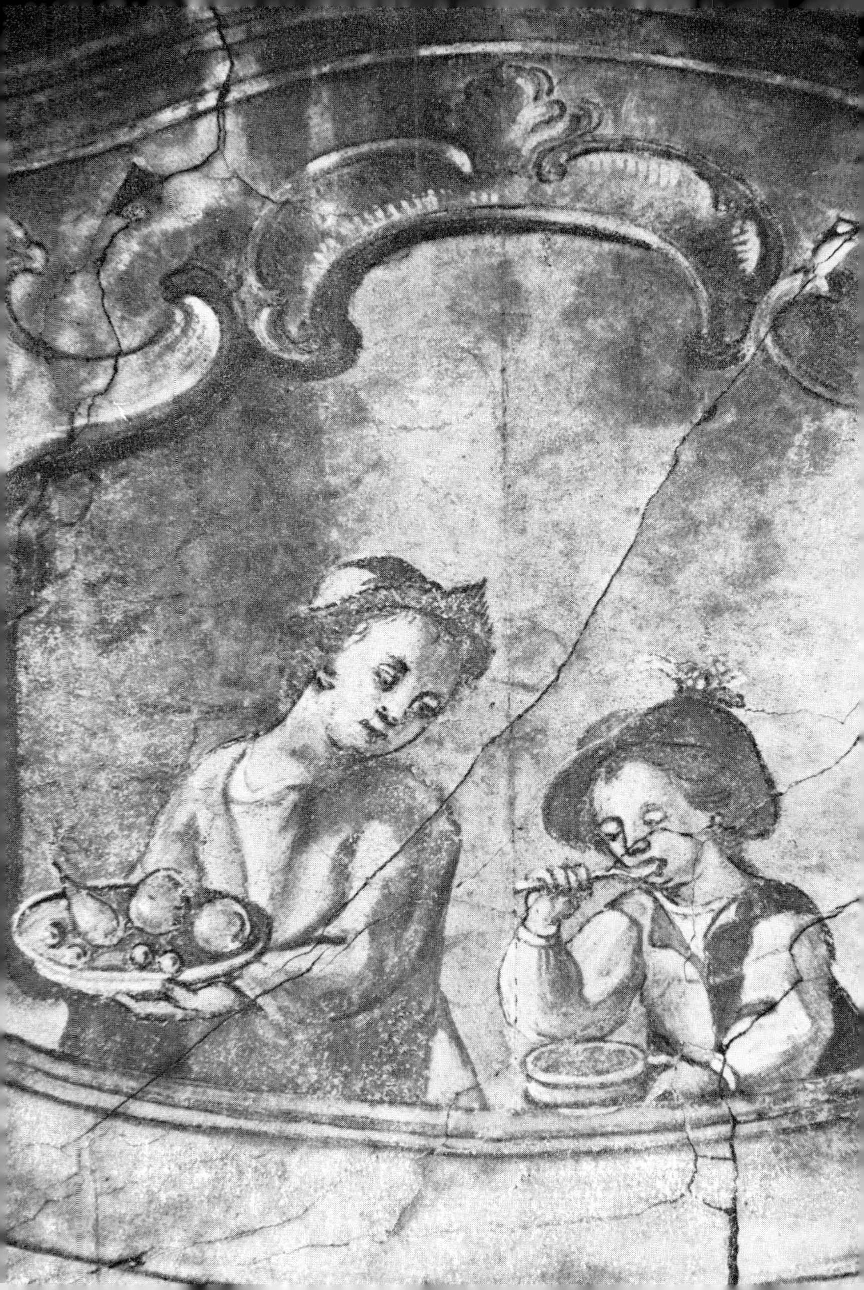

F. S. Zwinck, Der Auferstande am »Pilatushaus in Oberammerga (1784)

Den Höhepunkt seines Schaffens erreichte Franz Zwinck zweifellos mit der Bemalung des »Pilatushauses« in Oberammergau. Es hat seinen Namen von der eindrucksvollen Ecce-homo-Darstellung an der Längsseite des Hauses zum Garten hin. Mit Hilfe monumentaler Architekturmalerei »baute« Zwinck an der Hauswand eine von Säulen getragene Plattform, zu der von beiden Seiten eine weitgeschwungene Freitreppe hinaufführt. Auf Zwischenpodesten schauen die Schriftgelehrten und die Hohen Priester zu, wie oben auf der Plattform zwei Schergen den gefesselten und mit der Dornenkrone gequälten Heiland dem römischen Statthalter Pontius Pilatus vorführen, damit er sein Urteil spreche. Mit entsprechenden perspektivischen Änderungen könnte man sich dieses Fresko viel besser als Deckengemälde in einer Kirche vorstellen als hier an einem Bürgerhaus. Franz Zwinck hat sich ja auch mit der Fassadenmalerei allein nie begnügt, sondern in den Kirchen der Heimat seine Meisterschaft als Freskant ebenfalls bewiesen, vor allem in der Martinskirche in Garmisch (1776), in der Kappelkirche bei Unterammergau (1779) und in der Pfarrkirche von Oberammergau (1787). Die Straßenfront des Pilatushauses ist der Auferstehung Christi gewidmet. Beherrscht wird die Wand allerdings von einer pompösen Architekturmalerei, wobei Säulen an den beiden unteren Stockwerken und eine Balustrade darüber die Illusion eines weitausladenden Vorbaues bewirken. Über der Balustrade sieht man Christus in einer Muschelgloriole aus dem Grab auferstehen. Die beiden Wächter fliehen bestürzt, wobei der eine von ihnen sogar über die Balustrade zu steigen versucht. Unten, über die Haustür, setzte der Künstler seine Signatur: »Franz Zwinck pin. 1784«. Der immer wieder von Krankheit geschwächte Lüftlmaler hat sein letztes signiertes Werk 1791 mit der Freskierung des Hauses beim Jager Jürgl in Bad Kohlgrub (siehe Titelbild) geschaffen; es sind Wandbilder, die bereits von klassizistischer Kühle und Steifheit geprägt sind. Ein Jahr darauf ist er gestorben. In der Sterbematrikel von Oberammergau steht unterm 29. Mai 1792: »Im 44. Lebensjahr setzte dem Malen ein Ende Franz Seraph Zwinck, ein nicht zu verachtender Maler, lange Zeit krank und öfters mit den Sakramenten der heiligen Kirche versehen.«

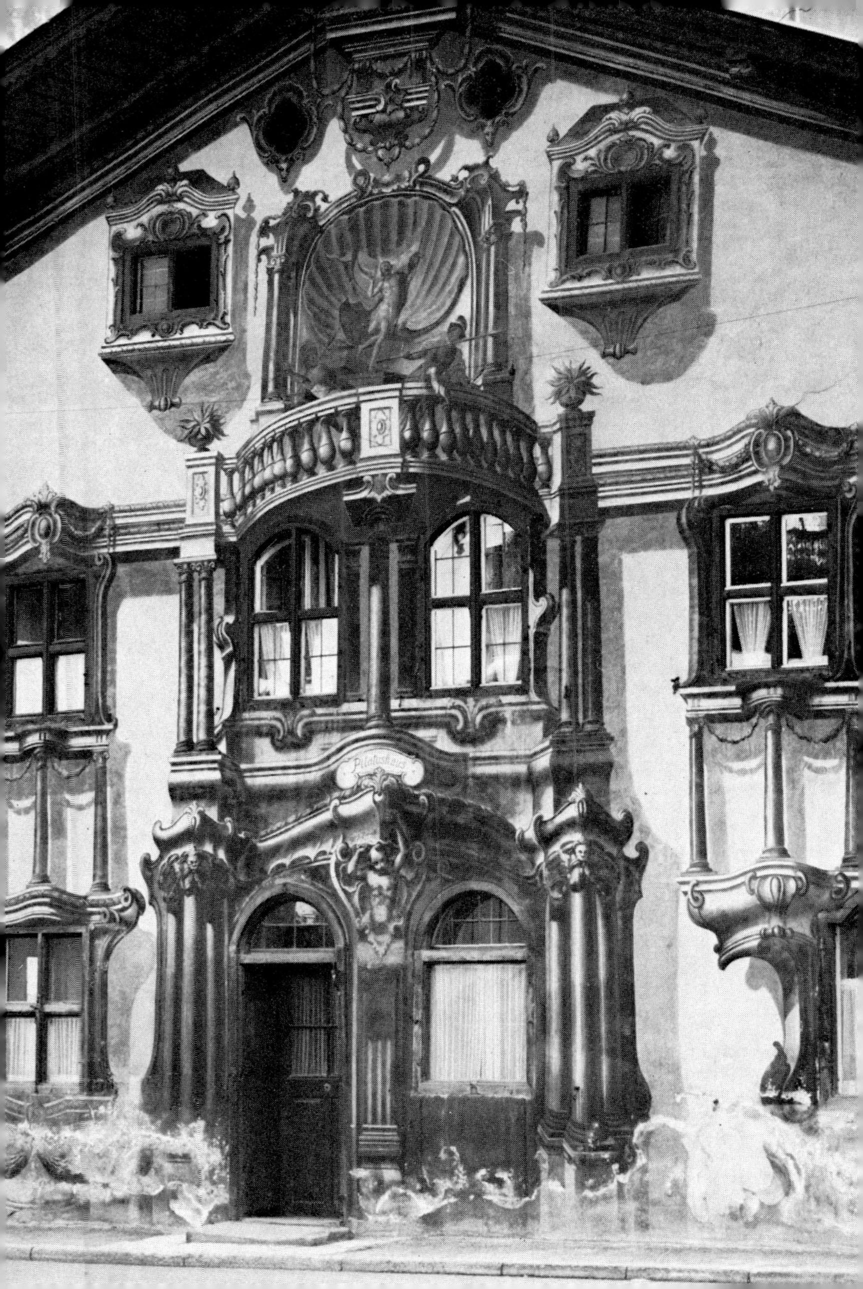
Pilatushaus

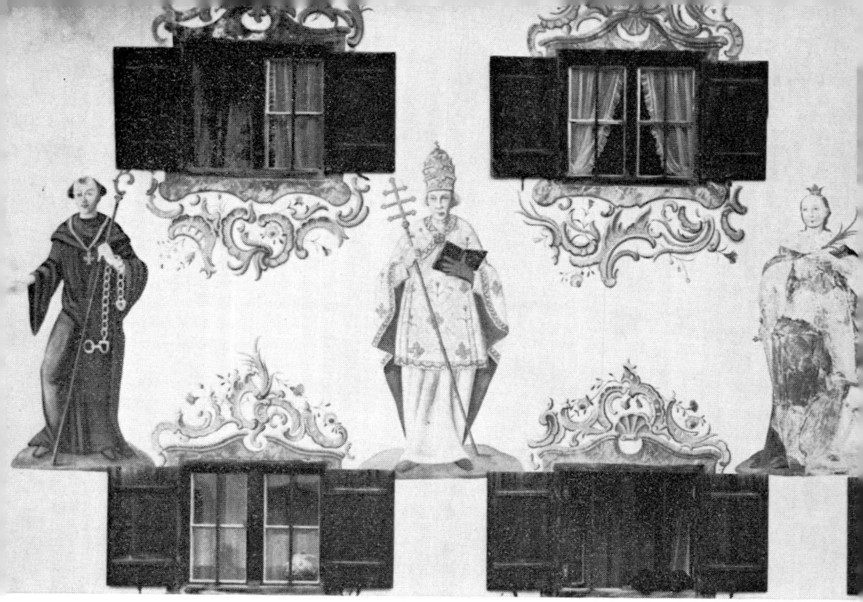

Jakob Behamb, Bauernheilige (um 1786)

Einzelne barocke Lüftlmalereien gibt es im oberbayerischen Voralpenland in vielen Orten. Als ihre Schöpfer sind mindestens ein Dutzend verschiedene Maler des 18. Jahrhunderts überliefert, ohne daß man über die meisten von ihnen Genaueres weiß. In Bad Tölz freskierte um 1760 Adam Fett die Marktmühle, Julian Preymayr soll das Sporerhaus bemalt haben. In Weilheim wirkte Sebastian Troger († 1792), der auch das Unterstockerhaus in Elbach bei Miesbach freskiert haben dürfte. In Obereglfing bei Murnau war 1771 Franz Höck und in Bad Aibling um 1770 Johann Georg Gaill tätig. Signiert haben alle diese Maler ihre Bilder nur in Ausnahmefällen, und die Fresken sind im Laufe der Zeit wiederholt mehr oder weniger geschickt restauriert worden, so daß eine sichere stilistische Zuordnung dieser wie auch fast aller anderen ländlichen Fassadenmalereien nicht möglich ist. Person, Lebenslauf und Werk kennen wir überhaupt nur von Franz Karner und Franz Zwinck mit Einzelheiten. Neben Mittenwald und Oberammergau gibt es außerdem nur noch ein einziges Gebiet, das eine größere Anhäufung stilistisch verwandter Fassadenmalereien auf-

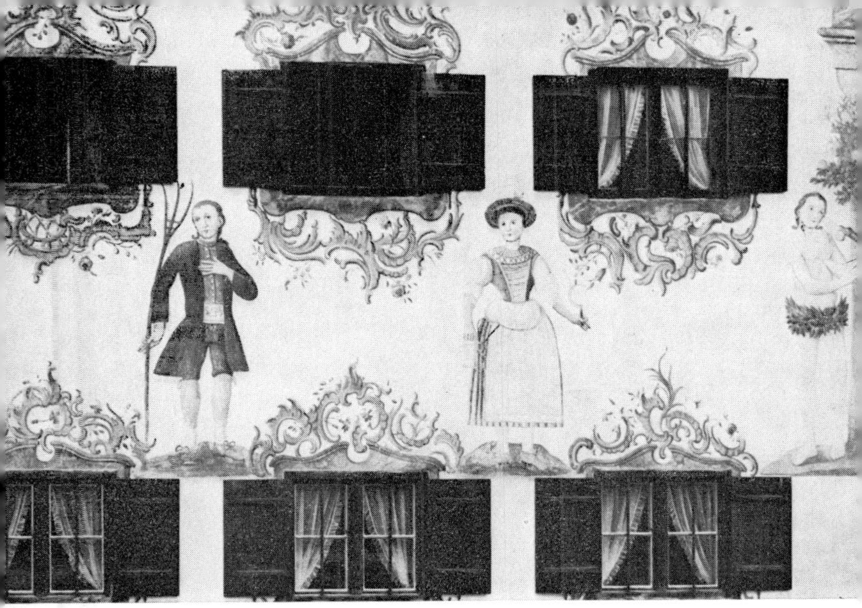

Jodlbauernhof in Hagnberg im Leitzachtal

zuweisen hat: das Leitzachtal südöstlich von Miesbach, bis hinunter nach Fischbachau und Bayrischzell. Gemeinsam ist diesen Fresken vor allem das Fehlen der Architekturmalerei und die starke malerische Hervorhebung der meistens mit Rocailleformen geschmückten Fensterumrahmungen. Typisch sind für diese »Leitzachtalgruppe« auch die Heiligengestalten in voller Lebensgröße, beispielsweise in Hagnberg nahe Bayrischzell, in Großschönau, Wörnsmühl und Hofreuth bei Niklasreuth. Als Schöpfer dieser Lüftlmalereien, deren bekannteste und wohl auch schönste die Dekoration des Jodlbauernhofes in Hagnberg ist, gilt der Maler Jakob Behamb aus Glonn. Auch er hat seine Bilder fast nie signiert, aber wir wissen von ihm wenigstens einige persönliche Daten, die im Pfarrbuch von Glonn festgehalten sind: »Jacob Behamb, pictor, vulgo Hechenberger von Westerberg, wurde getraut mit Maria, geborene Rieder von Glonn am Berg, am 20. Mai 1749. Michael Behamb, deren Sohn, wurde geboren am 24. September 1757.« Dieser Michael Behamb, der vermutlich bei seinem Vater gelernt hat, schmückte 1788 den Turm der Kirche in Elbach mit dem Bild des heiligen Andreas und hat sich an der inneren Seite der Turmtüre folgendermaßen verewigt: »Michael Böhamb, Mallersohn von Glonn 1788.« Recht viel mehr wissen wir von den Behambs nicht. Aber dafür sprechen ihre Lüftlmalereien um so deutlicher zu uns. Es ist freilich keine »große Kunst«, gemessen an den Höhepunkten der gerade in Bayern bis ins letzte verfeinerten Freskomalerei des Rokoko. Solides Handwerk, Kenntnis der zeitgenössischen Kunst, Ideenreichtum und ein sicheres Empfinden, was unters Volk und in die Landschaft paßt: Das alles macht den besonderen Reiz der barocken Lüftlmalerei im Voralpenland aus! Erst wer diese breite Basis kennt, wird ganz verstehen, warum das Rokoko in Bayern solche Spitzenwerke hervorbringen konnte. Die Hausfresken im Leitzachtal sprechen dabei eine ganz andere Sprache als die eines Franz Zwinck oder Franz Karner; aber sie sind auf ihre Art ihnen ebenbürtig. Manche Kenner ziehen sogar die locker über drei Hauswandseiten verteilte Malerei am Jodlbauernhof allen anderen Schöpfungen der Lüftlmalerei vor. – Der Jodlbauernhof wurde 1786 erbaut und vermutlich noch im selben Jahr freskiert. Schon die phantasievoll abgewandelten Rocailleornamente der Fensterumrahmungen allein machen das Haus zu einer Sehenswürdigkeit. Zwischen den beiden Fensterreihen zieht sich zusätzlich über drei Hausseiten ein gemalter Figurenfries, auf dem fast keiner der damals besonders beliebten Volksheiligen fehlt, von Johannes dem Täufer und dem Apostel Andreas über Christophorus, Katharina, Florian und Sebastian bis zu Leonhard, Benno, Notburga und Isidor. Im Giebeldreieck kommt dazu noch eine Kreuzigungsgruppe. Selten ist die Darstellung des sogenannten bayerischen Bauernwappens: Zwei Löwen halten Rechen und Sense. Noch seltener aber ist, was Meister Jakob Behamb sich zum Sündenfall einfallen ließ: Er malte über ein Hauseck hinweg den paradiesischen Apfelbaum und darunter die Stammeltern Adam und Eva. Adam bekommt den so folgenschweren »Apfel der Versuchung« gleich zweimal angeboten: einmal von seiner Lebensgefährtin Eva und einmal vom Teufel in Schlangengestalt. Den Teufelsapfel wehrt er ab, aber dem Evasapfel kann er nicht widerstehen.

Jakob Behamb, Adam und Eva am Jodlbauernh in Hagnberg (um 1786)

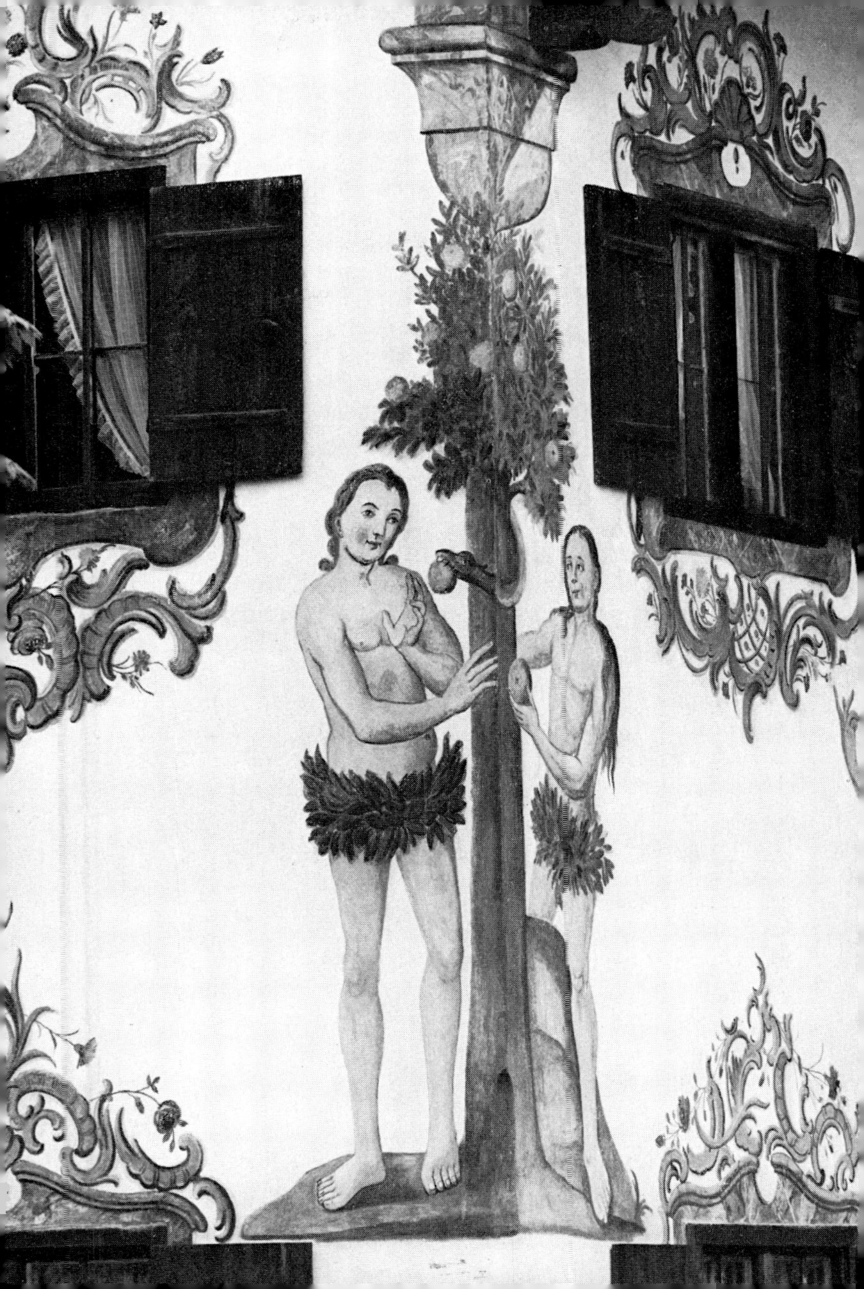

Jakob Behamb, St. Florian am Einödhof in Großschönau (1785)

Die Lüftlmalerei am Jodlbauernhof in Hagnberg ist zweifellos das reifste Werk innerhalb der Leitzachtalgruppe. Es ist auch das zeitlich letzte, allerdings nur wenig später entstanden als die beiden ihr am nächsten verwandten Hausbemalungen in Hofreuth bei Niklasreuth (1782) und in Großschönau (1785). Der unterschiedliche Erhaltungszustand und die in der Vergangenheit benutzten verschiedenen Restaurierungsmethoden lassen zwar einen Vergleich nur bedingt zu, doch die stilistische Verwandtschaft aller drei Wanddekorationen ist trotzdem unverkennbar. Stets prägen großformatige Einzelgestalten das Gesamtbild. In Hofreuth befinden sich diese auf die weißgekalkte Hauswand gemalten Heiligenfiguren zwischen den Fenstern des Obergeschosses. Dargestellt sind Katharina und Nikolaus, Benno und Thomas von Aquin sowie die Heilige Familie. Eine ikonographisch seltene Darstellung ist jene der heiligen Katharina mit zwei Köpfen. Sie trägt nämlich den ihr nach der Legende zum Abschluß eines langen Martyriums abgeschlagenen Kopf zusätzlich auf dem Arm. Die größte Ähnlichkeit mit den Fresken am Jodlbauernhof besitzen nach Thematik und Darstellungsweise jene in Großschönau. An die Giebelseite ist über der Altantür Maria mit dem Kind gemalt, flankiert rechts von der heiligen Notburga und links von St. Isidor, also den beiden in der Barockzeit beliebtesten Bauernheiligen. An einer der Längsseiten des Hauses stehen nebeneinander, auf ähnlich gemalten Postamenten wie in Hagnberg, Christus mit der Lanze und dem von ihr durchbohrten Herzen, Maria Immaculata, der heilige Josef und St. Florian. Der beträchtliche Unterschied zwischen der flächigen, großzügigen Malweise in Hagnberg und der mehr strichelnden und kleinteiligeren in Großschönau dürfte wohl früher nicht bestanden haben, sondern auf den jeweiligen Erneuerer der Fresken zurückzuführen sein. Die Bilder in Großschönau sind zweifellos stärker übermalt worden als die in Hagnberg. Daraus ergibt sich der Eindruck, als ob einst hier zwei verschiedene Maler am Werk gewesen wären. Jakob Behamb hat diesen Eindruck noch dadurch verstärkt, daß er bemüht war, die Einzelheiten verschieden darzustellen. So fehlen in Hagnberg dem heiligen Florian der Mantel und das brennende Haus.

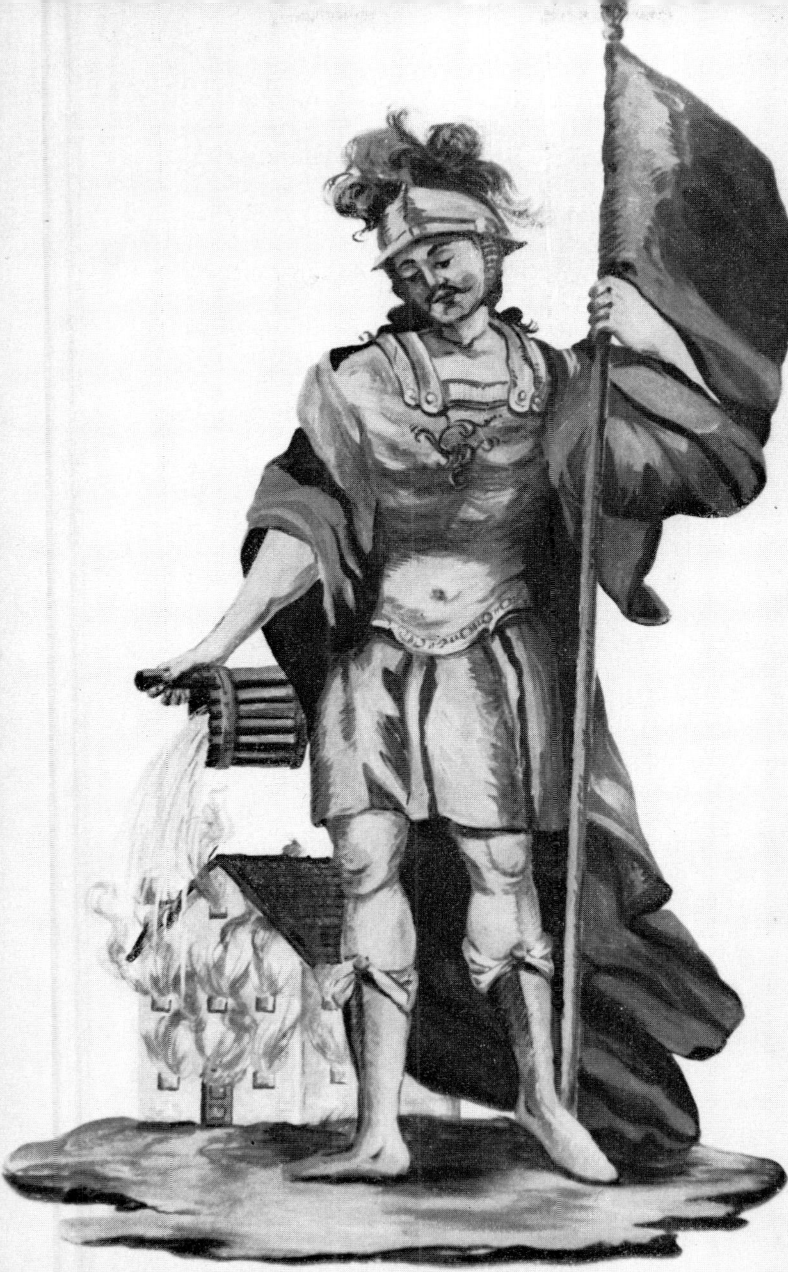

Jakob Behamb Höllenfeuer am Wiedenbauernhof in Wörnsmühl (um 1772?)

Eine besondere Rarität, die noch dazu einige Rätsel aufgibt, ist innerhalb der Leitzachtalgruppe der Wiedenbauernhof in Wörnsmühl. Seine Hauswände sind geradezu eine Bilderbibel, wobei die einzelnen Darstellungen zusätzlich noch durch Spruchbänder mit frommen Versen und Bibelzitaten erläutert werden. Unter den Lüftlmalereien im Leitzachtal ist diese Hausdekoration die älteste, wie folgender Bauspruch anzeigt: »Ao 1772 hat Curwinian Mayr dies Haus gebaut und sein hl. Namens Patteron nach Gott ihm anvertraut.« Die Fresken in Wörnsmühl werden von der Familientradition der Hofbesitzer ebenfalls Jakob Behamb zugeschrieben, obwohl stilistisch gegenüber dessen späteren Arbeiten ein ziemlicher Unterschied besteht. Man könnte ihn allerdings daraus erklären, daß es sich um ein Frühwerk Behambs handelt. Die Spruchbändertexte und die Bildthemen dürften vom Bauherrn stammen. Korbinian Mayr muß ein sehr bildungsbestrebter Mann gewesen sein, denn auf einem gemalten Scheinfenster unterm weit vorspringenden Dachgiebel ließ er sich mit dem Federkiel in der Hand darstellen; auf einem zweiten Scheinfenster sehen wir seine Frau, wie sie gerade in einem Buch liest. Auch an die Wände des Wiedenbauernhofes sind einzelne große Figuren gemalt, doch unterscheiden sie sich von ähnlichen Bildern der Leitzachtalgruppe durch eine wesentlich schlankere Körpergestaltung. Dargestellt sind an der Längsseite Christus, Maria Immaculata und der heilige Josef, an der Giebelseite im ersten Stock Notburga und Isidor sowie am Dachstock Sebastian, Korbinian und Florian. Hinzu kommen an der Giebelseite im Erdgeschoß noch Maria Magdalena unter dem Kreuz und eine Beweinung Christi. Wohl einmalig innerhalb der Lüftlmalerei sind die Fresken an der Längsseite des Hauses, hoch oben zwischen dem Dach und den Fenstern des Obergeschosses, mit figurenreichen Schilderungen der letzten vier Dinge: Tod und Gericht, Himmel und Hölle. Diese Bilder wirken auf den Betrachter etwas naiv und unbeholfen, fast so, als ob an diesem Haus zwei verschiedene Maler zu verschiedenen Zeiten gearbeitet hätten. Dem steht aber das Baujahr 1772 entgegen, so daß es sich wohl doch um ein einheitliches, wenn auch ungünstig restauriertes Frühwerk von Jakob Behamb handeln dürfte. 32

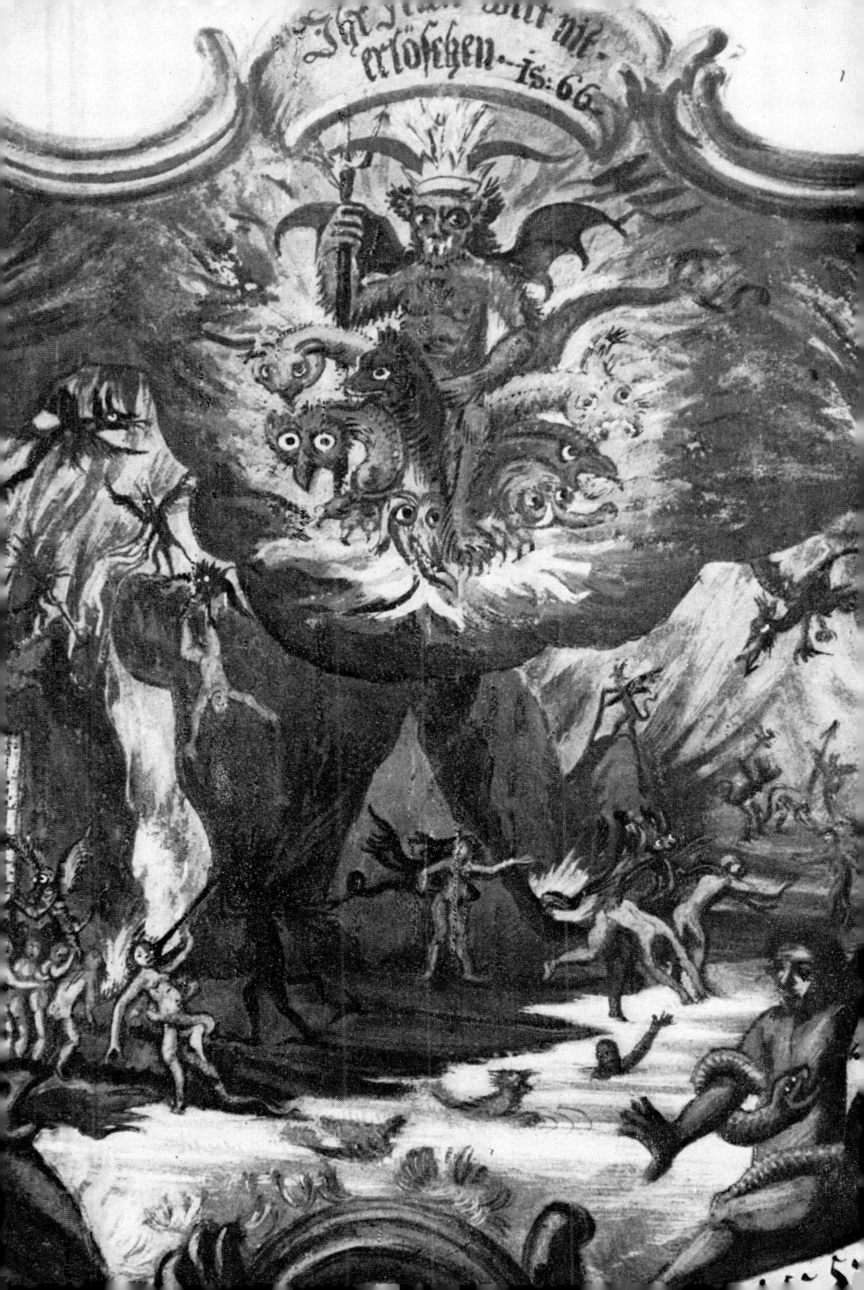
erlöschen.--Is: 66

F. J. Soll, Krönung Mariens am Heimathaus in Trostberg (um 1780)

Im Vergleich zum »Kernland« der Lüftlmalerei zwischen Garmisch und Bayrischzell sind barocke Hausbemalungen im übrigen Oberbayern nur in verhältnismäßig kleiner Zahl erhalten geblieben. Bestimmt waren sie auch dort einst zahlreicher als man heute noch weiß. Aber wenn man den Erfahrungssatz zur Grundlage nimmt, daß überall nur etwa zehn Prozent dem »Zahn der Zeit« widerstanden haben, dann waren es doch wesentlich weniger. Im Chiemgau und im Berchtesgadener Land scheint noch dazu die ornamentale Bemalung beliebter gewesen zu sein als die figurale. Neben rein handwerklich ausgebildeten Malern haben auch in Südostbayern über sie hinausragende Künstlerpersönlichkeiten wiederholt ihr Können in den Dienst des Hausschmuckes gestellt. Von dem Trostberger Rokokomaler Franz Josef Soll (1734–1798), der u. a. die Kirchen in Feichten, Kirchweidach, Siegsdorf, Schedling, Tacherting, Obereschlbach und Alzgern freskiert hat, berichtet die Familientradition, daß er sich auch mehrmals als Lüftlmaler betätigt hat. Erhalten geblieben ist aber von diesem Teil seines Schaffens nur jenes Fresko, das er um das Jahr 1780 an sein Wohnhaus in Trostberg-Schedling gemalt hat. Als vor einigen Jahren dieses Haus wegen Baufälligkeit abgebrochen werden mußte, übertrug man das Wandbild an die Hauptfront des Trostberger Heimathauses, in dem das städtische Museum untergebracht ist. Dargestellt ist auf diesem Fresko die Krönung der in den Himmel aufgefahrenen Gottesmutter durch die Heilige Dreifaltigkeit. Unter dieser virtuos gemalten Hauptszene kniet ein Mann in ritterlicher Rüstung und mit einer großen Fahne in der Hand. Unter ihm gießen zwei kleine Engel aus einem Topf Wasser, wodurch angedeutet wird, daß es sich um den »Brandpatron« St. Florian handelt. Neben ihm ist ein greiser Maler dargestellt, der offensichtlich gerade das Bild der Krönung Mariens malt. Der geflügelte Stierkopf unter diesem Mann weist ihn als den Evangelisten Lukas aus, der nach der Legende das erste Bild der Gottesmutter gemalt haben soll und deshalb von den Malern als ihr Patron verehrt wird. Das Trostberger Heimathaus bewahrt einen Teil der künstlerischen Hinterlassenschaft von F. J. Soll auf, darunter auch den Entwurf zu diesem Wandfresko. **34**

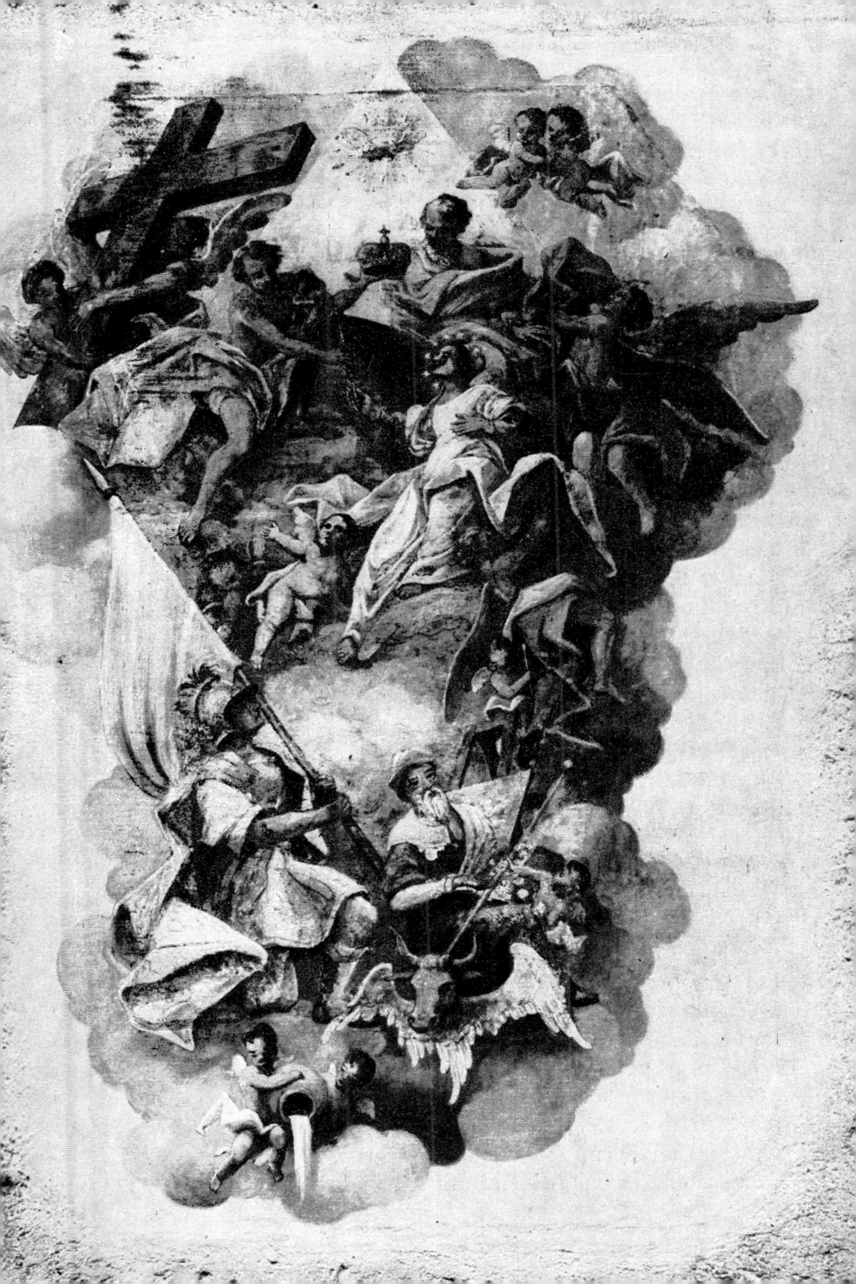

»Husarenfenst am Gasthof Zum Husaren in Garmisch (um 1800)

Auf dem Land haben sich in Bayern die Stileigentümlichkeiten des Rokoko in der kirchlichen und in der weltlichen Kunst länger gehalten als in den Städten. Aber mit einer gewissen zeitlichen Verzögerung schwenkte man auch dort noch vor 1800 in die neue Kunstrichtung des Klassizismus ein. Während der figürliche Bildschmuck noch bis zum Ende des 18. Jahrhunderts weitgehend vom Rokoko geprägt wurde, vollzog sich der Wandel in der ornamentalen Malerei schon etwas früher. Die Rocailleformen beispielsweise der Fensterumrahmungen wurden zuerst durch Blütengirlanden und Blattkränze ersetzt, später kamen noch der Antike nachempfundene Medaillons, klassizistische Architekturformen und gemalte Vasen hinzu. Ein typisches Beispiel des Übergangsstils sind die Lüftlmalereien von Franz Seraph Zwinck aus dem Jahre 1791 am Haus beim Jager Jürgl in Bad Kohlgrub. Die figürlichen Darstellungen des heiligen Martin (Titelbild) und der Heiligen Dreifaltigkeit haben noch – wenn auch verminderten – barocken Schwung, während die Fensterumrahmungen neben sehr sparsamen Rocailleformen bereits Blattkränze und -girlanden sowie stilisierte Blumen zeigen. Dieser Frühform des Klassizismus sei als Spätform eine der wenigen konsequent im Empirestil durchgeführten Hausbemalungen, die erhalten geblieben sind, gegenübergestellt. Wir finden sie an der Straßenfront des Gasthauses Zum Husaren in Garmisch. Wie die Jahreszahlen 1611 am Giebel und 1735 am reich verzierten hölzernen Dachaufsatz beweisen, ist das Haus wesentlich älter als die um 1800 von einem unbekannten Maler geschaffene Fassadendekoration. Die Haustür wird von antikisierender Säulenmalerei, mit Vasen als oberem Abschluß, flankiert. Die Fenster sind auf blauem Grund mit gelblichen und weißen Blattornamenten, mit Kränzen und mit stilisierten Blumen umgeben und oben mit allegorischen Darstellungen in von Blütenkränzen eingefaßten Medaillons geschmückt. Der originellste Teil der Fassadendekoration aber ist zweifellos ein gemaltes Scheinfenster im ersten Stock, aus dem zwei Offiziere des 18. Jahrhunderts herausschauen: der eine, die Pfeife rauchend, mit der roten Uniform und dem Tschako der Husaren, der andere im weißen Offiziersmantel und mit einem flotten Dreispitz. **36**

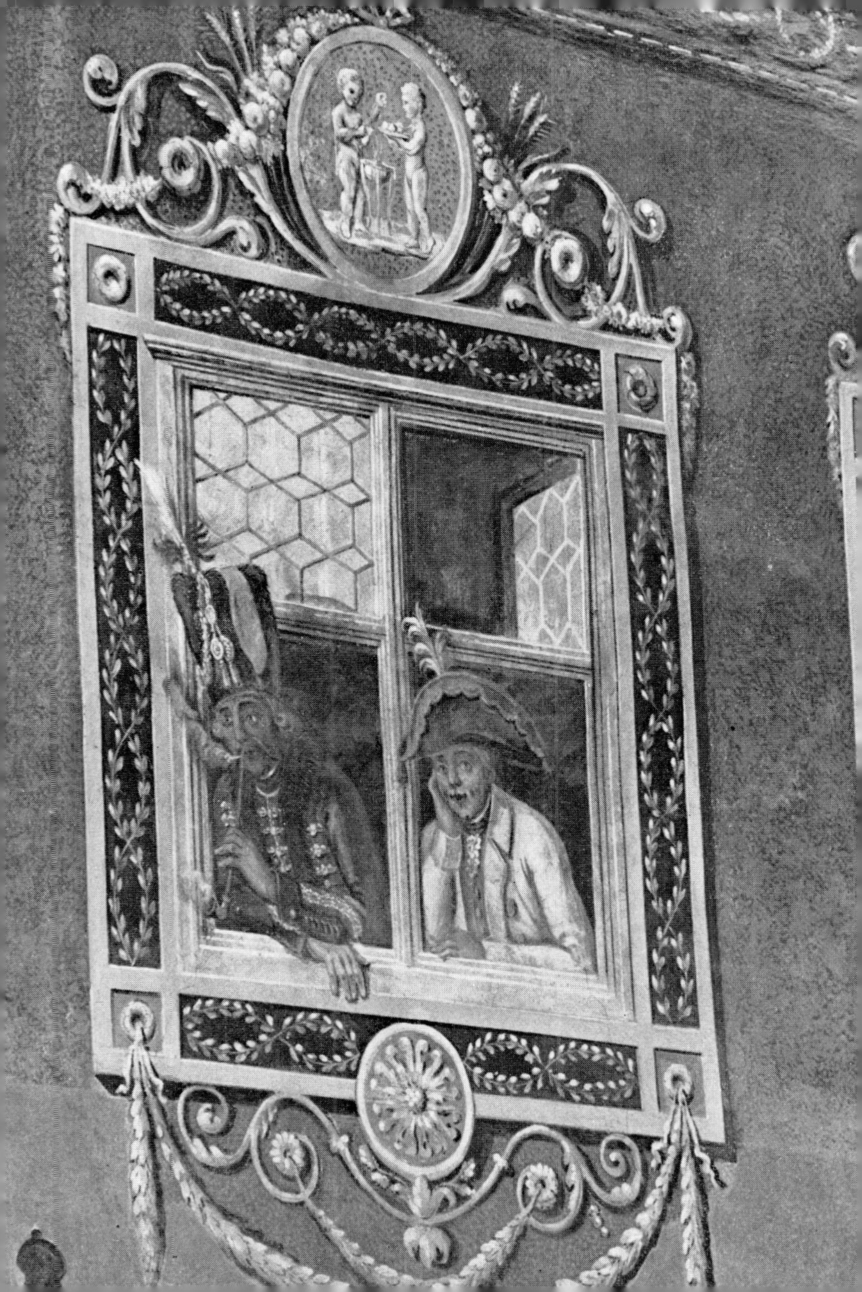

Je weiter die Stilentwicklung zum Klassizismus hin fortschritt, um so mehr beschränkte man sich bei der Fassadendekoration auf Ornament- und Architekturmalerei. Das ist weniger auf den Stilwandel an sich zurückzuführen als auf die im späten 18. Jahrhundert im Zuge der Aufklärung entstandene neue Haltung zur Religion im allgemeinen und zum religiösen Bild im besonderen. Wie in der Kunst, so sollte im gesamten Glaubensleben der bisherige barocke Überschwang, die Wundergläubigkeit und das in Brauchtum, Wallfahrtswesen und Heiligenverehrung sich äußernde »Schaugepränge der Frömmigkeit« durch eine eher unterkühlte »edle Simplizität« ersetzt werden. Man genierte sich immer mehr, an die Hauswände religiöse Bilder oder gar fromme Legendendarstellungen malen zu lassen. Als schließlich die Säkularisation im Jahre 1803 fast alle bayerischen Klöster hinwegfegte, wurde durch das Fehlen der klösterlichen Auftraggeber der religiösen Kunst der beste Nährboden entzogen. Besonders stark wurde davon die Lüftlmalerei betroffen. Fassadenbemalungen wurden in den Städten und erst recht auf dem Land immer seltener. Eine Ausnahmestellung nahm dabei anscheinend Garmisch ein, wo ein unbekannter Maler auch nach der Jahrhundertwende noch einige bedeutende Werke schuf, von denen – neben der Lüftlmalerei am Gasthaus Zum Husaren – vor allem auch die klassizistische Fassadengestaltung am Haus Schmidtstraße 2 erhalten blieb. Dort finden wir an der Schmalseite eines der so seltenen klassizistischen Wandbilder mit religiöser Thematik: In einem sorgfältig gemalten Rahmen aus Weinlaub und -trauben kommt noch einmal das Alte Testament zu Wort. Dargestellt ist auf diesem Fresko, wie die beiden israelitischen Kundschafter Josua und Kaleb mit einer riesigen Weintraube von ihrem Erkundungszug in das Land Kanaan zurückkehren und vom Volk mit ziemlich ungläubigem Staunen empfangen werden. Neben der kräftigen Baum- und der zarten Landschaftsmalerei ist auf diesem Bild vor allem bemerkenswert, daß zwar die Männer antikisierte Kittel tragen, die Frauen aber Empirekleider mit nach oben versetzter Taille. An der Längsseite des Hauses flankieren zwei Frauengestalten in Empiretracht mit Kreuz und Füllhorn den Haupteingang.

Heimkehr der Kundschafter Josua und Kaleb am Haus Schmidtstraße 2 in Garmisch (um 1800)

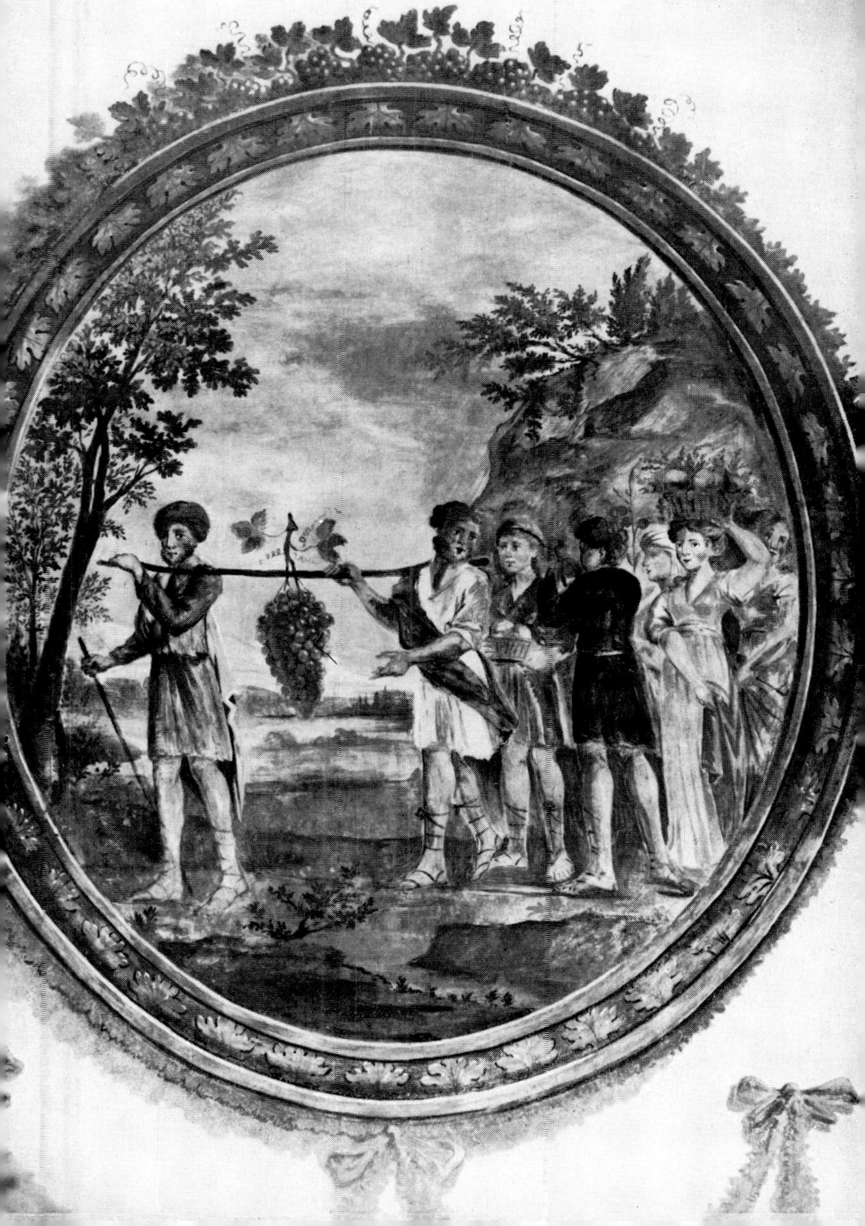

Im 19. Jahrhundert kam die Lüftlmalerei nach den letzten Umformungsversuchen in klassizistischer Manier ziemlich rasch zum Versiegen. Sie war zwar aus dem Boden der schon seit dem Mittelalter gebräuchlichen Fassadenbemalung gewachsen, aber dennoch ein echtes Kind der Barockkunst und nur aus dem Lebensgefühl des 18. Jahrhunderts heraus verständlich. Seit dem verstandeskühlen, nüchternen Klassizismus und dem behäbigen Biedermeier, aber auch wegen der Wiederentdeckung der Gotik durch die Romantiker wurde barocker Schwung als »Theaterdonner« verkannt und als »schwülstiger Zopfstil« verpönt. Bereits in der ersten Hälfte des 19. Jahrhunderts hat man viele Lüftlmalereien überstrichen oder sogar samt dem Verputz von den Hauswänden abgeschlagen, und zwar in den Städten noch konsequenter als auf dem Land. Daher kommt es, daß in Bad Tölz von der einst so reichen Hausbemalung der Barockzeit nur sehr wenig und das Wenige nur schlecht erhalten geblieben ist. Noch im Jahre 1802 hatte darüber Joseph Ritter von Hazzi in seinem Buch »Statistische Aufschlüsse über das Herzogtum Baiern« schreiben können: »An einer Hänge gegen die Isar liegt der Markt Tölz, einer der schönsten im Lande. Er hat eine breite Straße und hohe gemalte Häuser . . . Das Ganze bildet einen schönen Anblick . . .« Im Laufe des 19. Jahrhunderts verfiel davon immer mehr, und es wäre vielleicht fast nichts in unsere Zeit herübergerettet worden, wenn nicht Tölz um die Jahrhundertwende in dem Münchner Architekten Gabriel von Seidl einen verständnisvollen Erneuerer gefunden hätte. Dieser errichtete den Tölzern ein neues, den alten Bauten angepaßtes Rathaus und tat sehr viel für die Erhaltung der alten Fassaden, für die Restaurierung der noch vorhandenen Fresken und für die Neubemalung vieler Gebäude. Allerdings beherrschten damals nur wenige Maler die Freskotechnik, und so mancher von ihnen glaubte, die alten Bilder dadurch wiederherstellen zu können, daß er sie mit Ölfarbe nachmalte, wodurch sie aber gänzlich verdorben wurden. Trotzdem gehört heute die Marktstraße in Bad Tölz zu jenen städtebaulichen Ensembles, die den Charakter der alpenländisch-kleinstädtischen Bauweise am besten bewahrt haben, Altes mit Neuem in vorbildlicher Weise verbindend.

Häuser mit alter und neuer Lüftlmalerei in Bad Tölz 40

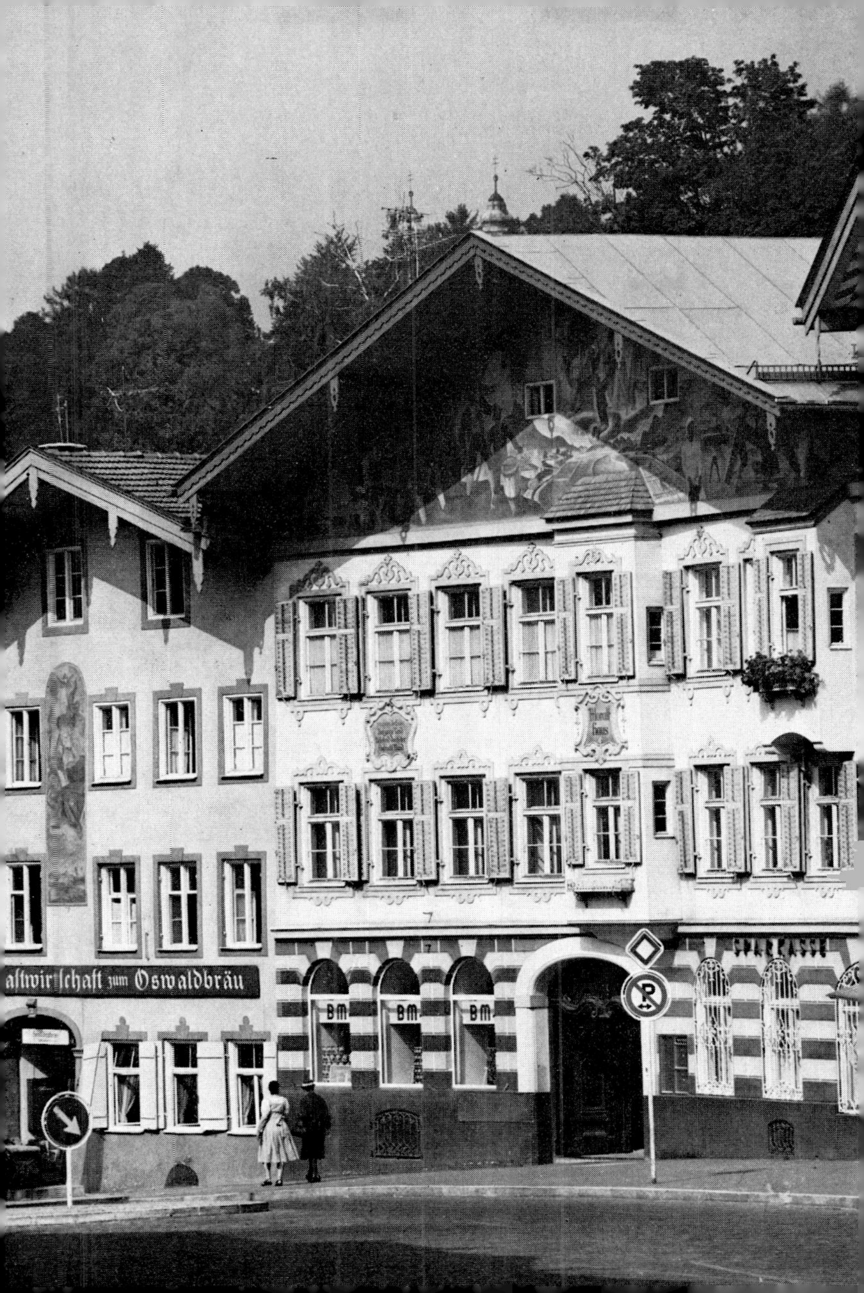
astwir schaft zum Oswaldbräu
BM
BM
BM

Die Wiederentdeckung der Fassadenmalerei erfolgte erst ganz allmählich gegen Ende des 19. Jahrhunderts, als das Verständnis für die Kunstgesinnung des Barocks wiedererwachte und man erneut Freude daran fand, die Hauswände mit Bildern bunt zu schmücken. Die Förderung der sogenannten »Heimatkunst« spielte dabei ebenso eine Rolle wie die verstärkte Hinwendung zum Kunstgewerbe. Damals wurden viele alte Hausbemalungen restauriert, und weil man oft wegen der starken Verwitterungsschäden ganze Teile davon neu malen mußte, gewannen manche Maler in Stil und Technik barocker Fassadenmalerei eine so große Sicherheit, daß sie sich auch an »barocke« Neuschöpfungen eigener Erfindung heranwagten. In Oberammergau versuchte sich noch vor der Jahrhundertwende der 1851 geborene Hans Zwinck der Ältere, ein Nachfahre des »Lüftlmalers«, an dieser »Manier« und schuf so manches Hausfresko, das heutzutage flüchtige Beobachter für ein Original aus dem 18. Jahrhundert halten. Parallel zu diesen Nachschöpfungen entwickelte sich um die Jahrhundertwende auch ein davon ziemlich unabhängiger neuer Freskenstil. Ein besonders interessantes Beispiel für diesen neuen Weg, die Lüftlmalerei wieder populär zu machen, finden wir in Starnberg. Dort hatte der Gastwirt Clement Obermayr im Jahre 1894 am Tutzinger-Hof-Platz an jener Stelle einen Neubau errichtet, wo sich vom 15. Jahrhundert an die Hofstallung befunden hatte. Das Haus entstand in einer für die Zeit um 1900 typischen Mischform. Aus Anlaß der Stadterhebung von Starnberg im Jahre 1912 ließ Obermayr durch Professor Troll die Straßenfront seines neuen Hauses bemalen. Dessen locker über die Fassade verteilte Fresken passen sich dekorativ dem Baustil an und verbinden historische Stilelemente von der Renaissance bis zum Klassizismus mit neuen Ideen und Formen. Die Fenster sind abwechselnd mit Architekturmalerei, mit üppigen Blumengirlanden und mit figürlichen Darstellungen umrahmt. Besonders reich geschmückt ist ein teils hölzerner, teils gemauerter Erker. Ihn flankieren zu beiden Seiten gemalte Jägergestalten. Unter dem mittleren Erkerfenster hat der Künstler in ein Medaillon das Kopfbild des bald darauf verstorbenen bayerischen Prinzregenten Luitpold gemalt.

Professor Troll, Jäger am Obermayrhaus in Starnberg (1912)

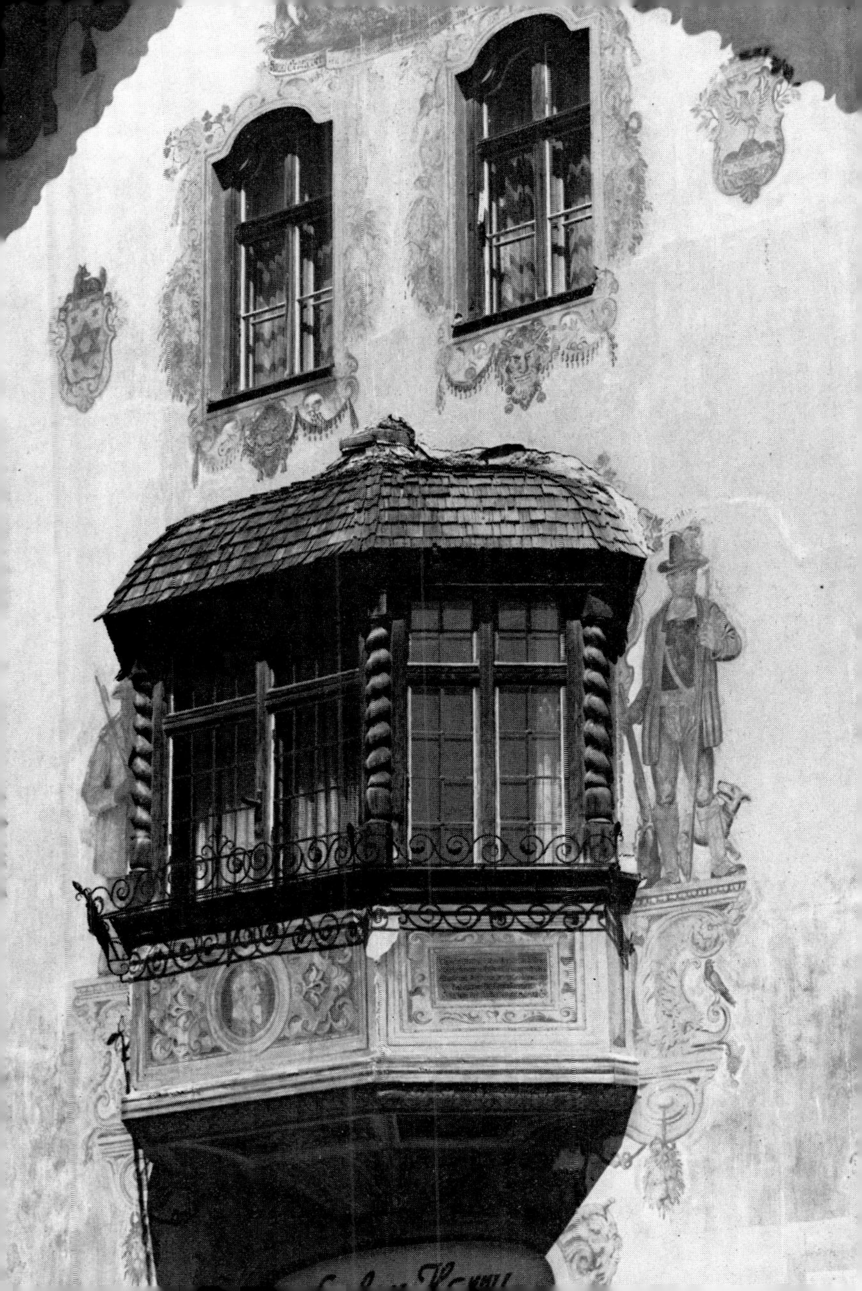

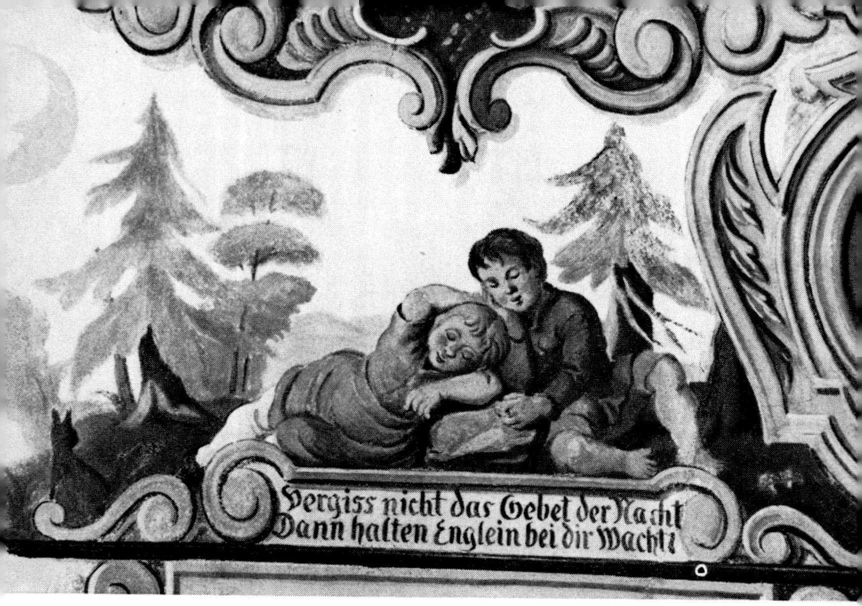

Max Strauß, Hänsel und Gretel (um 1925)

Nach den ersten Versuchen während der »Prinzregentenzeit« haben sich am Alpenrand entlang zwischen den beiden Weltkriegen ganz verschiedene Formen der Fassadenmalerei entwickelt. Zu den rein ornamentalen Gestaltungen kamen verstärkt wieder ganze Hauswände als »Bilderbuch«. Unter den verschiedenen Möglichkeiten der figürlichen Darstellungen wurden damals vor allem religiöse Bilder und historische Szenen bevorzugt. Dazu kamen dann allmählich auch Schilderungen aus dem Alltagsleben und Fresken, die symbolisch auf Namen, Beruf oder Herkunft des Hausbesitzers hinwiesen. Man benutzte die »Schaufront« eines Hauses, um über dessen Bewohner etwas auszusagen. Noch mehr aber war man im Zeichen des wachsenden Heimatbewußtseins und zur Förderung des Fremdenverkehrs bemüht, durch Fassadenmalereien die schönsten Punkte der nahen Gebirgslandschaft und die Vergangenheit eines Ortes darzustellen. Allmählich gingen auch Gemeindeverwaltungen und andere Behörden dazu über, sich eine »historische Repräsentation« an den Fassaden der Rathäuser, Museen, Schulen und anderer Amtsgebäude zu ver-

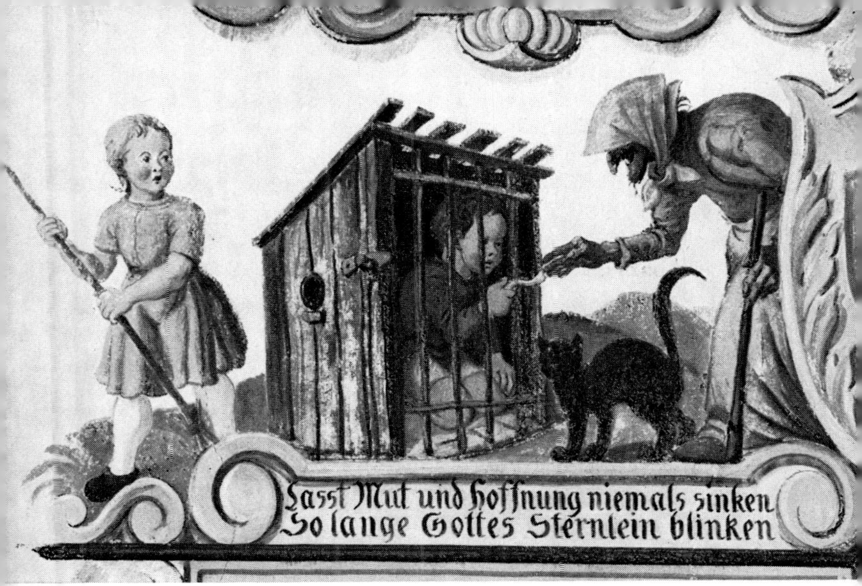

Märchenfresken am Hänsel-und-Gretel-Heim Oberammergau

schaffen. Es sind dabei einige ziemlich abgeschmackte oder langweilige, aber auch viele originelle Weiterentwicklungen der Lüftlmalerei entstanden, die auch heute noch beispielhaft nachwirken. Inmitten aller dieser Bemühungen darf wohl ein Hauskomplex in Oberammergau Einmaligkeit für sich in Anspruch nehmen, nämlich das »Hänsel-und-Gretel-Heim« der Stadt München, dessen Anfänge noch in die zwanziger Jahre zurückreichen. Aus den Mitteln einer Stiftung der Deutschamerikanerin Maria Mattfeld erwarb 1922 die Stadt München in Oberammergau zwei Häuser und baute sie zu einem Kinderheim um. Einige Jahre später bemalte der Kunstmaler Max Strauß die Fassade des kleineren Gebäudes mit Szenen aus dem Märchen Hänsel und Gretel, und seitdem heißt das Heim nach dieser Freskenfolge. Inmitten der Märchenbilder findet der Beschauer in einem Medaillon ein Frauenporträt, mit dem die Stadt München der Stifterin Maria Mattfeld ein Denkmal gesetzt hat. Als nach dem Krieg das Heim um einige Häuser erweitert wurde, taufte man eines »Rotkäppchenhaus« und versah die Fassade mit Wandbildern aus diesem Märchen.

Hat schon in der ersten Hälfte unseres Jahrhunderts die neubelebte Lüftlmalerei immer mehr Anklang gefunden, so setzte sich diese Entwicklung nach dem letzten Krieg in einem noch um vieles vermehrten Umfang fort. Vor allem in den oberbayerischen Fremdenverkehrsorten wetteiferten die privaten und die »amtlichen« Hausbesitzer miteinander, wer die schönsten und originellsten Fassadenmalereien herzeigen konnte. Eine ganze Reihe von Künstlern und talentierten Kunsthandwerkern – wie Heinrich Bickel, Gerd Ester, Peter Fellner, Professor Gries, Klaus Honauer, Eberhard Hülsmann, Gerhard Komossa, Helga Mergenthal, Hugo Williroider und Hans Zwinck der Jüngere – stellten sich in den Dienst dieser Aufgabe. Trotz aller »modernen« oder auch nur modischen Versuche ist in der Lüftlmalerei der Gegenwart das barocke Erbe wieder zum vorherrschenden Gestaltungsprinzip geworden. Die in sehr beträchtlicher Zahl erhalten gebliebenen Fresken aus dieser Zeit haben als allgegenwärtiges Beispiel dazu sehr wesentlich beigetragen. Manche Hausbesitzer wollten vielleicht auch mit »barocken« Fensterumrahmungen ihrem Eigentum das Ansehen hohen Alters verschaffen. Jedenfalls kann man annehmen, daß vor allem in Fremdenverkehrsorten von zehn solchen Fassadenmalereien nur zwei oder drei noch aus dem 18. Jahrhundert stammen. Der Oberammergauer Lüftlmaler Hans Zwinck der Jüngere hat sich – auch im Figürlichen – derart in die Arbeitsweise seines großen Vorfahren eingearbeitet, daß manche seiner Fresken (u.a. am »Judashaus« und am Kirchbauernhaus) sogar in Veröffentlichungen über die Lüftlmalerei des 18. Jahrhunderts als vermeintlich repräsentative Beispiele aufgenommen worden sind. Wie man die Kunst der Gegenwart mit den Stilformen der Vergangenheit auf eine harmonische Weise miteinander verbinden kann, zeigen Fassadenmalereien von Hugo Williroider in Hochstätt am Inn bei Rosenheim. Der barocke Schwung der Portalgestaltung und die elegante Kurvung der Rocaille-Fensterumrahmungen am Hochstätter Gemeindeamt sind gediegene Nachschöpfungen alter Vorbilder, während die figürlichen Darstellungen zwar der ornamentalen Malerei gut angepaßt sind, aber dennoch ihre Herkunft aus der Gegenwart nicht verleugnen können.

Hugo Williroid[er] St. Franz Xaver und Maria mit dem Kind am Rathaus in Hochstätt (um 1970)

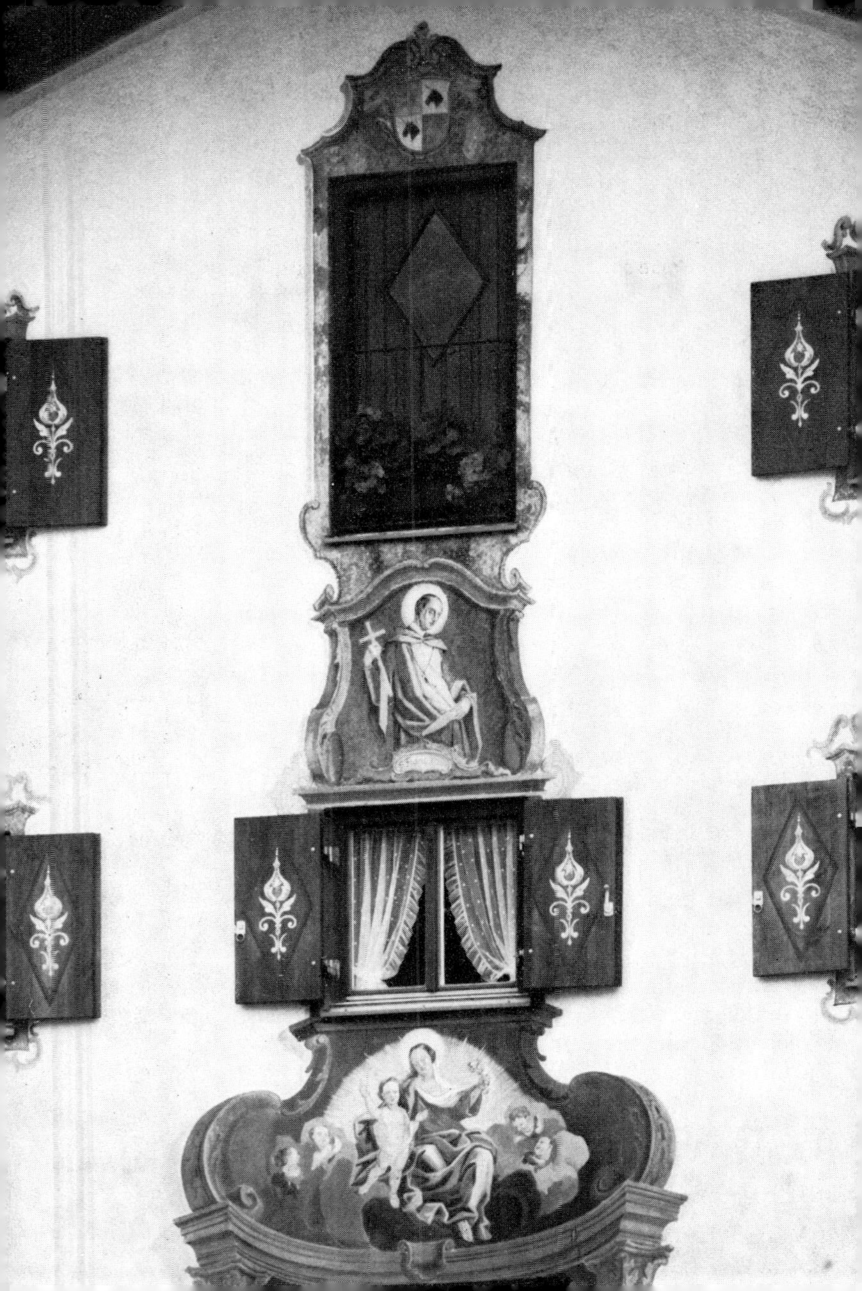

Früher verstand man unter Lüftlmalerei fast ausschließlich in Freskotechnik gemalte Bilder, also das Malen mit mineralischen Wasserfarben auf noch feuchten Kalkmörtel. Die sich dabei bildende wasserunlösliche Oberflächenschicht ist einerseits sehr witterungs- und farbbeständig, andererseits kann darunter die Mauer noch »atmen«, so daß die Malschicht nicht wegen eines Staus der Mauerfeuchtigkeit abbröckelt. Eine solche Malweise setzt aber voraus, daß dazu mehrere Jahre lang »eingesumpfter« Kalk von feinster Qualität verwendet wird, wie er heute nur noch in beschränktem Maße zur Verfügung steht. Außerdem erfordert die Freskotechnik ein sehr rasches Arbeiten und ist nicht zu allen Jahreszeiten und bei allen Witterungsverhältnissen möglich. Und schließlich ist die Freskomalerei ziemlich empfindlich gegenüber dem in unserer Zeit so besonders hohen Schwefelgehalt der Luft. All das hat dazu geführt, daß man in den letzten Jahrzehnten verstärkt um die Gewinnung neuer Malmittel und -techniken bemüht war. Inzwischen setzt sich immer mehr die von Adolf Wilhelm Keim entwickelte Technik mit sogenannten »Keim-Mineralfarben« auf Silikatbasis durch, die alle Vorteile der Freskomalerei mit einer ihr gegenüber weit größeren Abgas-Unempfindlichkeit verbindet. Auch die Dispersionsfarben auf Kunstharzbasis werden für Fassadenbemalungen verwendet, doch eignen sie sich wegen ihrer geringen Durchlässigkeit für die Mauerfeuchtigkeit nur in bestimmten Fällen dafür. Schließlich hat nach dem Krieg auch noch eine andere Dekorationstechnik für den Fassadenschmuck große Beliebtheit erlangt, nämlich das Sgraffito. Dabei werden verschiedenfarbige Putzschichten übereinander auf die Wand aufgetragen und dann teilweise so wieder abgekratzt, daß ein »Farbrelief« entsteht. Die Sgraffitomanier hat an sich mit der Lüftlmalerei im engeren Sinn nichts zu tun, wird ihr aber oft zugerechnet, vor allem dann, wenn sie in Kombination mit Fassadenmalerei angewendet wird. Die Vielfalt der jetzt möglichen Techniken, Farben und Verputze hat dazu geführt, daß heutzutage eine variantenreiche Fassadendekoration möglich ist und somit dem stark gestiegenen Bedürfnis nach mehr Farbe an den Hauswänden und damit im Ortsbild Rechnung getragen werden kann.

IV. Umschlagseite: Helga Mergenthal, Katze und Vogel an einem umgebauten Bauernhaus in Attenham (um 1975)